ラグビーが教えてくれること

村上晃一

もくじ

はじめに

ラグビーは、1800年代にイギリスで生まれたスポーツだ。いまでは、100か国以上でプレーされている。

ラグビーの世界一を決める大会ラグビーワールドカップは、1987年から始まって、4年に一度行われている。過去《かこ》の優勝《ゆうしょう》チームはニュージーランド(3回)、オーストラリア(2回)、南アフリカ(2回)、イングランド(1回)。ニュージーランド代表は、ユニフォームの色が黒なので「オールブラックス」と呼《よ》ばれている。1987年、2011年、2015年の大会で優勝《ゆうしょう》し、現在《げんざい》、世界最強だ。

2019年にはラグビーワールドカップが日本で初めて開催《かいさい》される。アジアでも初のことだ。この機会に、ラグビーについて知ってみよう。

ラグビーは難《むずか》しそうに見えるけれど、実はとても簡単《かんたん》なスポーツだ。ボールを持って相手の陣地《じんち》の奥《おく》にある「インゴール」というエリアにボールを置く。これを「トライ」と呼《よ》び、得点が入る。

はじめに

ボールの運び方は自由だ。歩数制限《せいげん》なくボールを持って走り、味方にパスし、キックして追いかけ、ときにはボールを持ったまま相手にぶつかって前進する。そして、守る側は体をぶつける「タックル」で相手を倒《たお》すことができる。

走る、投げる、蹴《け》る、ぶつかる、倒《たお》す。ラグビーは、いろんなスポーツの動きが入った総合的《そうごうてき》なスポーツなのだ。

とくに知ってほしいのは、ラグビー精神《せいしん》のことだ。

スポーツをする上での心構《こころがま》えや、フェアプレーについて、とても大切に考えられているからだ。それは、学校生活や、日常《にちじょう》生活でも大切にしなくてはいけないものだ。

「ラグビー」という名前は、このスポーツが生まれた町の名前がつけられている。そこにある学校「ラグビースクール」でルールが整えられたからだ。正式には「ラグビーフットボール」という。

ラグビースクールは、日本でいえば、中学と高校がいっしょになった学校で、イギリスの名門大学に進むような子どもたちが学んでいた。

そこで重視《じゅうし》されたのは、スポーツによって人を育てることだ。ラグビーは体をぶつけ合う激《はげ》しいスポーツだからこそ、すぐに怒《おこ》ったりすることなく、冷静にプレーすることが求められる。気持ちをコントロールする自制心《じせいしん》などを自然に身につけることができるのだ。

ラグビーのルールについて書かれている『競技規則《きょうぎきそく》』というものがある。そこには、ルールの前に「ラグビー憲章《けんしょう》」というものが記されていて、ラグビーに関《かか》わる人たちが大切に考えなくてはいけない、5つの言葉についての説明がある。

品位《ひんい》、情熱《じょうねつ》、結束《けっそく》、規律《きりつ》、尊重《そんちょう》。

選手も、コーチも、ファンのみなさんも、いつもこの言葉を自分に問いかけ、きちんと取り組めているか確認《かくにん》しよう、ということだ。

品位のある行動はできていますか？
情熱《じょうねつ》をもって取り組んでいますか？
仲間と信じあえていますか？

はじめに

規律《きりつ》を守っていますか？
相手の立場を尊重《そんちょう》していますか？

迷《まよ》ったときは、この言葉を思い出す。そのくらい大事なことだから、ルールを説明する前に、ラグビー憲章《けんしょう》が記されているのだ。

これら5つの言葉をテーマに書いたのがこの本だ。

ラグビー憲章《けんしょう》についてそれぞれの言葉について大切なことを教えてくれる人や話を紹介《しょうかい》している。

第1章
キャプテン

ラグビー憲章《けんしょう》についてふれる前に、第1章では、ラグビーが生まれたときのことや、ラグビーが大切にしている「キャプテン」の立場について書いてみたい。ラグビーワールドカップの優勝《ゆうしょう》トロフィーは「ザ・ウェブ・エリスカップ」という。ラグビーを発明したとされる人の名前だ。

イギリスのラグビーという町に、「ラグビースクール」という学校があった。中学から高校生世代の子どもたちが通う学校だ。

1823年のある日、この学校でフットボールの試合が行われていた。今フットボールというと、みんなも知っているサッカーのことをいうけれど、このころはまだサッカーが生まれていなくて、このフットボールとはそのもとになった競《きょう》技《ぎ》だ。そのとき、ウィリアム・ウェブ・エリスという少年が、ボールを持って走り出した。

このころのフットボールは、各地域《かくちいき》、各学校でそれぞれのルールで行われていて、「ラグビースクール」で行われていたフットボールは、手でボールをあつかうことは許《ゆる》されていたが、ボールを持って走ることは反則《はんそく》だった。

しかし、ボールを持って自由に走るのは気持ちが良い。いつしかエリス少年が行ったルール破《やぶ》りが認《みと》められるようになって、ラグビーというスポーツの基礎《きそ》が作られていったという。これが、ラグビーの始まりとして語りつがれる「エリス伝説」だ。

もともとのフットボールからは、ラグビー以外にもサッカー（正式には、アソシエーションフットボール）、アメリカンフットボール、オーストラリアンフットボールなど、さまざまなフットボールが生まれた。

みんな、フットボールの仲間なのである。

ラグビーが生まれたラグビースクールでは、学生の中にリーダーを決め、放課後、自主的にスポーツに取り組むようにした。そうすることでリーダーを任《まか》された生徒と先生たちには信頼《しんらい》が生まれ、とても良い学校になっていったという。

こうした歴史《れきし》もあって、ラグビーはキャプテンの立場を尊重《そんちょう》している。監督《かんとく》やコーチがいても、最後はキャプテンの判断《はんだん》が大事にされるのだ。

２０１５年の9月、イギリスのロンドンを中心に行われたラグビーワールドカップで、日本代表は、優勝候補《ゆうしょうこうほ》だった南アフリカ代表に勝った。

このニュースは世界のスポーツファンをおどろかせたばかりではなく、スポーツの歴史上《れきしじょう》、最大の番くるわせとも言われた。

この試合の最後の場面で、ラグビーならではの出来事が起こった。試合終了《しゅうりょう》までは、あと5分くらいだった。このとき、日本代表は29対32と、3点リードされていた。点を取る方法はおもに2つある。ボールを相手のゴールラインの向こうに持ちこんで地面（インゴール）につける「トライ」が5点、ボールをけってゴールポストの間を通す「ペナルティーゴール」が3点だ。トライをとることができれば逆転《ぎゃくてん》でき、ペナルティーゴールで同点に追いつける点差だった。

そのとき、日本代表は厳《きび》しい練習で身につけた体力で攻《せ》め続け、南アフリカのインゴールにせまっていた。

ここで南アフリカが反則《はんそく》をしてしまう。サッカーなら自動的にＰＫの場面だ。しかし、ラグビーのルールでは、相手が反則《はんそく》をしたとき、そこからどう攻《せ》めるかを選ぶことができる。

「選択《せんたく》ルール」と言われるものだ。

このとき、スタンド上段にいたエディー・ジョーンズ監督《かんとく》は「ショットだ」とさけんでいた。ペナルティーゴールをねらえ！　という意味だ。

スクラムを組んでみんなの力で押《お》しこみトライをねらえば、逆転《ぎゃくてん》できる。でも、それは難《むずか》しいことなのでトライできずに負ける可能性《かのうせい》がある。それに、ペナルティーゴールをねらえば確実《かくじつ》に3点が入るのだ。なぜなら日本代表には正確《せいかく》なキッカーである五郎丸歩《ごろうまるあゆむ》がいるからだ。同点にできるのはまちがいないし、引き分けでも世界をおどろかせることができる。

しかし、グラウンドにいたリーチ　マイケルキャプテンは、スクラムを選んだ。

体の小さな日本代表はずっとスクラムが弱点だった。強い国の選手は体が大きく、どうしても押《お》されてしまう。その弱点を克服《こくふく》するため、日本代表はこの大会までの4年間、スクラムを強くするために長い時間をかけて練習してきた。

最後はきたえてきたスクラムを組みたい。そこから攻《せ》めてトライをとって逆転《ぎゃくてん》する。一生懸命《けんめい》練習してきた成果を出すのだ。

キャプテンの決断《けつだん》に、チームメイトは燃《も》えた。そして、世界をおどろかせる逆《ぎゃく》転《てん》トライが生まれるのだ。

最終スコアは、34対32。翌日《よくじつ》のイギリスの新聞の多くがこのニュースを一面であつかった。この判断《はんだん》は後で「ブレイブコール」（勇敢《ゆうかん》な判断《はんだん》）と呼《よ》ばれた。

ペナルティーゴールをねらえ！　とさけんでいたジョーンズ監督《かんとく》も、試合後は笑顔《えがお》になった。実は試合前、しっかりと作戦を伝えたうえで、リーチキャプテンに「最後は、あなたが決めなさい」と話していたという。それが、ラグビーのキャプテンだからだ。

ラグビーは試合中、監督《かんとく》やコーチは、選手たちに指示《しじ》をしない。すべてはキャプテンを中心に選手が考えて、試合を進める。

レフリーも、チームに注意を与《あた》えるときはキャプテンに話す。「いま、こういう反則《はんそく》があるから、みんなに注意するように伝えてください」という言い方をするのだ。

　試合後、両チームが集まって話をする交歓会《こうかんかい》（アフターマッチファンクション）もラグビーの文化だ。このときも、チームを代表してスピーチをするのはキャプテンで、監督《かんとく》はだまっている。これは小学生のラグビーでも同じだ。

　リーダーとして責任《せきにん》を与《あた》えられ、キャプテンは成長していくのである。


　日本一のキャプテンといえば、２０１６年、２０１７年度、２年連続で日本一にかがやいたサントリーサンゴリアスの流大《ながれゆたか》選手だ。

　身長１６５センチ、体重73キロ。ラグビー選手の中では小柄《こがら》だが、すばやい判《はん》断《だん》と動きが必要なスクラムハーフというポジションを務《つと》める。

　熊本《くまもと》県の荒尾《あらお》高校、帝京《ていきょう》大学のラグビー部でもキャプテンを務《つと》め、「サントリーサンゴリアス」では入社2年目（23歳《さい》）でキャプテンになった。流《ながれ》選手はサントリーの社員でもあり、仕事をしながらラグビーをしている。

　日本代表でもキャプテンになり、南半球のプロリーグである「スーパーラグ

サントリーサンゴリアスをひっぱる！

ビー」に参加する日本のプロチーム「サンウルブズ」のキャプテンも務《つと》める。まだ若《わか》く、チームメイトには年上の選手も多いが、言うべきことはハッキリと言う、頼《たよ》りになるキャプテンだ。

「グラウンドですべてを決める責任《せきにん》、プレッシャーはあります。でも、それを期待されてキャプテンになるのだから、思い切ってやっています」

流《なが》れ選手は1992年生まれ。福岡県久留米《ふくおかくるめ》市出身で、ラグビーを始めたのは9歳《さい》のときだ。小さなころ、ラグビーというスポーツのことは何も知らなかった。

3歳《さい》から水泳を習い、小学1年生では野球、2年生は何もしていなかった。

お母さんの知り合いにラグビースクール（少年団《しょうねんだん》）のコーチがいて、「何もしていないなら、おいで」と体験会にさそわれた。

流《ながれ》選手は、体は小さかったが足は速かった。

「ボールを持って走ると、みんなに追いつかれない。あの感覚は楽しかったです」

小学5年生から中学3年生まではサッカーとラグビーを両立していた。平日はサッカーで、土日はラグビー。両方楽しかった。

そのころ出会ったコーチに、ラグビー精神《せいしん》について教えてもらった。

「ラグビーは仲間を助ける、助け合いのスポーツだと言われました。自分一人でやるのではなく、みんなで協力してボールをつなぐのがラグビーだということです。僕《ぼく》自身も、ラグビーの良さは、みんなで力を合わせることだと思ったし、そこに魅力《みりょく》を感じました」

高校は、福岡《ふくおか》県ではなく、熊本《くまもと》県の荒尾《あらお》高校に進学した。荒尾《あらお》高校ラグビー部の徳井《とくい》清明《きよあき》監督《かんとく》に、声をかけてもらったからだ。

「先生の熱意を聞き、この人についていったら上手《うま》くなれるし、チームも強くなるのではないかと思いました。何度も会いに来てくれて、いっしょにチームを強くしてほしいと、そういう思いを素直《すなお》に話してくださいました」

荒尾《あらお》高校は高校からラグビーを始める初心者が多かったのだが、徳井《とくい》監督《かんとく》は流《ながれ》選手に大きな期待を寄《よ》せていた。こんなことも言ってくれたという。

「高校日本代表になれるように育てるし、将来《しょうらい》、日本代表のキャプテンになる土台を作るから」

荒尾《あらお》高校に入ってみると、徳井《とくい》先生の指導《しどう》は人間的な成長を大切にするものだった。流《ながれ》選手も、高校生活を送るうちに人間的な成長が大事だということに気付かされた。手をぬかず、一生懸命《けんめい》練習することが試合の結果につながるし、日常《にちじょう》生活から小さなことを大事にしなくてはラグビーも強くならないことが分かったのだ。

「ゴミを拾うとか、トイレのスリッパが乱《みだ》れていたらそろえるとか、動作として簡単《かんたん》なことだけど、やり続ける。簡単《かんたん》なことをやり続ける人間が一番強いと、先生が言っていました」

小さなことをおろそかにしない、流《ながれ》選手が今も続けている行動は、高校時代に土台が築《きず》かれたものだ。

「高校でキャプテンをしていたときは、自分がひっぱって、みんなを引き上げるスタイルでした。大学からはうまく周りの仲間の力を借りて、自分が集中しなければいけないことに重きを置きました。サントリーでもサンウルブズでも、いろんなリーダーたちの力を借りながらチームを作っています」

そんな流《ながれ》選手にメッセージをもらった。

「小学生のころはいろんなスポーツを経験《けいけん》したほうがいいと思います。僕《ぼく》は水泳、野球、サッカー、ラグビーをして、それぞれの良さを感じました。サッカーでキックが得意になったし、スペース感覚も養われた。それはラグビーに生きています。ラグビーには、自分を犠牲《ぎせい》にしてチームメイトのためにタックルに行き、みんなで助け合ってトライをとる楽しさがありました。そして、どんなスポーツをしていても、一番大事なのは人間的な成長だと思います。人として魅力的《みりょくてき》になっていくことが大切だと思います」

もう一人、紹介《しょうかい》したいキャプテンがいる。日本代表、サンウルブズでも活躍《かつやく》する姫野和樹《ひめのかずき》選手だ。現在《げんざい》、日本のトップレベルの社会人チームの一つであるトヨタ自動車ヴェルブリッツに所属《しょぞく》している。

１９９４年生まれ、愛知《あいち》県の出身。流《ながれ》選手と同じく帝京《ていきょう》大学出身だが、キャプテンではなかった。ところが姫野《ひめの》選手は、2017年春、トヨタ自動車に入社した一年目からキャプテンになった。

元南アフリカ代表監督《かんとく》で、この年にトヨタ自動車の監督《かんとく》になったジェイク・ホワイトさんがキャプテンに指名したのだ。まじめに練習に取り組み、声を出してチームメイトをはげます姿《すがた》が、キャプテンにふさわしいと感じたのだ。

姫野《ひめの》選手は187センチ、108キロという恵《めぐ》まれた体で、力強い突進《とっしん》が得意だ。社会人一年目から活躍《かつやく》し、2017年度のジャパンラグビートップリーグで新人賞を受賞した。

日本代表にも選出され、2018年からは、スーパーラグビーに参加しているチーム「サンウルブズ」の一員としてもプレー。世界の一流選手と堂々と戦っている。

小学生のころは、野球とサッカーを楽しんでいた。

「野球は学校の部活で、サッカーはクラブチームでやっていました。野球はキャッチャーで4番、サッカーはゴールキーパーでした。でも、それをずっと続けていこうとは思っていませんでした」

外で遊ぶのが大好きだったからサッカーや野球をしていたけれど、ずっと続けたいと思うほどはのめりこんでいなかった。ラグビーに出会ったのは、中学1年生のころだ。お父さんにすすめられたのだという。

「ラグビーを始めてみると、自分のこの大きな体を最大限《さいだいげん》に生かせるスポーツだと感じました。ボールを持って走って、相手をふっ飛ばす。それは魅力的《みりょくてき》でした。監督《かんとく》には『ラグビーは仲間のために体を張《は》って戦うスポーツだ』と言われました。やんちゃ坊主《ぼうず》だったから、試合中に相手と言い合うようなこともあって、いま思うと、はずかしいです」

ラグビーで学んだのは、仲間の大切さだという。

「仲間を大切にしなければいけないと思ったのは、大学生のころです」

姫野《ひめの》選手が通った帝京《ていきょう》大学ラグビー部は、2017年度に9年連続で大学日本一にかがやいた強いチームだ。姫野《ひめの》選手が大学生だった2013年から2017年、部員は100名以上いた。

22

日本代表でのパワフルなプレー　© JRFU

「試合に出られるのは15人しかいません。最初はみんな試合に出ようと思ってがんばる。でも、3年生になると試合に出られないとわかってくる選手もいます。それでも、試合に出るメンバーのAチームがプレーしやすい環境《かんきょう》を作ってくれて、チームのために働いてくれていました。それを見ていると、この人たちのためにも、ぜったい負けてはいけないし、逃《に》げるようなプレーはできないと思いました。みんながそういう気持ちになると、チームとしてのエネルギーが生まれて、良いチームになっていくのだと感じました」

トヨタ自動車でも、仲間意識《いしき》や人を大切にすることの重要さを感じている。

「仲間がいて、チームを支《ささ》えてくれるスタッフもいて、会社の人たちの応援《おうえん》もある。感謝《かんしゃ》の気持ちを忘《わす》れず、その人たちのために体を張《は》ってプレーしたいと思っています」

姫野《ひめの》選手は、キャプテンになったことでプレーが変わった。それまでは、ボールを持って走ることに集中していたのだが、ボールを持っていないときも、仲間のサポートに一生懸命《けんめい》走り、タックルにもよく行くようになった。リーダーとしてみんなを引っ張《ぱ》らなくてはいけないという思いが、プレーを上達させたのだ。

姫野《ひめの》選手は練習のときに気を付けなくてはいけないことや、監督《かんとく》に言われた大事な言葉を毎日ノートに書くようにしている。

その中でも大切にしている言葉がある。

「天才より、秀才《しゅうさい》になれ」

帝京《ていきょう》大学ラグビー部の岩出雅之監督《いわでまさゆきかんとく》に教えてもらった言葉だ。

天才は生まれもったものだが、秀才《しゅうさい》はだれもが努力してなれるもの。勉強でもスポーツでも努力することが大事で、それはだれにだってできるはずということだ。

「常《つね》に一流であれ」

これは、中学のラグビー部の松浦監督《まつうらかんとく》に言われた言葉だ。

「僕《ぼく》は一流というのは、一流の結果を出すことだと思っていました。野球のバッターなら3割《わり》を打つとか、30本以上のホームランを打つとか、でも、そうではないことが分かってきました」

姫野《ひめの》選手の考える一流とはどんなものなのだろう。

「一流というのは、倒《たお》れてもすぐに起き上がることです。ラグビーなら、タックルして、倒《たお》れてもすぐに起き上がって、次のタックルに行く。会社の仕事であれば、上司にしかられても、次に何をするべきかすぐに行動する。失敗しても、次に何をすればいいかを考える。だれだって一流になれるのです。常《つね》に一流であり続けることが、自分の成長につながると思っています」

みんなにメッセージをもらった。

「まずは、情熱《じょうねつ》を注ぎたいと思えるものを探《さが》してください。自分が情熱《じょうねつ》を注げるものを見つけることが大事だから、いろんなことをやってみることです。僕《ぼく》は、野球、サッカーをやってきて、ラグビーに出会ったときに、『あっ、これだ』と思った。プレーするのが楽しくて、どんどん好きになりました。そして、情熱《じょうねつ》が芽生えた。いま、野球に打ちこんでいる人も、少しサッカーをやってみるとか、サッカーをしている人もラグビーをやってみるとか、スポーツ以外でも、いろんなものを経験《けいけん》して自分が楽しいと思えるものを探《さが》してほしいです」

リーチ選手、流《ながれ》選手、姫野《ひめの》選手、みんな最初は普通《ふつう》の小学生だった。ラグビーに出会って好きになり、人一倍努力した。リーダーになって、みんなのことを考え、みんなに認《みと》められ、頼《たよ》りにされて成長した。

3人の行動、言葉は力強くて学ぶべきことが多い。この本を読んでいるみんなも、まずは楽しいと思えることを見つけて努力してみよう。

第2章からは、ラグビー憲章《けんしょう》の5つの言葉にそって話を進めていきたい。

第2章

品位

品位とは
ゲームの構造の
核《かく》を成《な》すものであり、
誠実《せいじつ》さと
フェアプレーによって
生み出される。

（ラグビーフットボール競《きょう》技《ぎ》規《き》則《そく》より）

「品位」という言葉は、「インテグリティ」という英語を日本語にしたものだ。インテグリティという単語には、他《ほか》にも「誠実《せいじつ》」、「正直」などの意味がある。周囲の人との接《せっ》し方や、話し方が誠実《せいじつ》、つまり真心をもって対応《たいおう》して、正直で、尊敬《そんけい》されるような人を「あの人は品位がそなわっている」という言い方をする。ラグビーは体と体が激《はげ》しくぶつかり合うスポーツだからこそ、試合中にも品位がある行動を求められるし、ふだんの生活でもそれを心掛《こころが》けることを大切にしている。

その品位について説明するのにぴったりの人が坂田好弘《さかたよしひろ》さんだ。坂田《さかた》さんは、1960年代から70年代に活躍《かつやく》した元ラグビー日本代表ウイングで、日本のラグビー選手の中で、もっとも世界の人びとに知られている人だ。ウイングとは、左右の端《はし》にいて、仲間がつないだボールを持ってゴールに向かって走り「トライ」するのが仕事だ。チームで一番足の速い人がウイングになることが多い。

坂田《さかた》さんは、主に左ウイングでプレーした。

坂田《さかた》さんは、１９６９年（昭和44年）、「ラグビー王国」と呼《よ》ばれるニュージーランドに一人で乗りこみ、大活躍《だいかつやく》した。

身長が１６８センチほどの小さな日本人が走り回る姿《すがた》に、ラグビー王国の人びとはおどろき、拍手《はくしゅ》をおくった。その伝説的ストーリーは、いまもニュージーランド、日本で語りつがれている。

ラグビーの世界にも、野球と同じように「殿堂《でんどう》」といって、選手として活躍《かつやく》した人や、ラグビーの発展《はってん》に貢献《こうけん》した人を表彰《ひょうしょう》する制度《せいど》がある。坂田《さかた》さんは、日本人で初めて「国際《こくさい》ラグビー殿堂《でんどう》」入りをした。

２０１８年の時点で、ラグビー殿堂《でんどう》入りしている日本人は坂田《さかた》さんと、国際《こくさい》試合でのトライ数の世界記録を持つ大畑大介《おおはただいすけ》さん（元日本代表）の2人だけだ。

坂田《さかた》さんは誠実《せいじつ》な人柄《ひとがら》で知られている。それは、お父さん、お母さんをはじめ、まわりにいた大人たちの影響《えいきょう》を受けながら育ったからだ。

さらに、世界のラグビー選手や、コーチから受けた影響《えいきょう》も大きかった。

ラグビーの殿堂《でんどう》入りをはたした坂田《さかた》さん

ラグビーを通して、人として立派《りっぱ》な行動、ふるまいとは何かを学んだのだ。

坂田《さかた》さんは、第二次世界大戦のさなか、1942年大阪市《おおさかし》で生まれた。小さなころから野山をかけ回って遊ぶ元気な子どもだった。

家族はお父さん、お母さんと4人の兄弟。お姉さんが京都《きょうと》の高校に入学することになると、家族で京都《きょうと》に引っ越《こ》した。

坂田《さかた》さんは京都《きょうと》市立下鴨《しもがも》中学に入学して柔道《じゅうどう》部に入り、めきめき強くなった。黒帯の先生を投げ飛ばしたこともあるほどで、腕力《わんりょく》も、足腰《あしこし》の強さも、中学生の中では飛びぬけていた。

ラグビーとの出会いは、ある日、とつぜんやってきた。

自宅《じたく》近くの京都《きょうと》府立洛北《らくほく》高校の合格《ごうかく》発表の日、掲示板《けいじばん》に自分の名前を見つけた。高校入学が決まり、ほっとしてグラウンドを見ると、泥《どろ》だらけで走り回っている高校生がいた。見《み》慣れない楕円《だえん》のボールを追いかけている。

「なんちゅうスポーツやろ、これ」

広々としたグラウンドを自由に走り回るスポーツが気になって、しばらく見ていたら、部長の池田実《いけだみのる》先生に声をかけられた。

「ラグビー、やりたいか？」

それがすべての始まりだった。新入部員は15名。ある日、みんなでボールを持って競争をすることになった。坂田《さかた》さんは、ボールを抱《かか》えたまま、100メートルを11秒6、50メートルを6秒ちょうどで走った。足の速さはずばぬけていた。

池田《いけだ》先生は言った。

「坂田《さかた》は、ウイング」

初めて試合に出るとき、池田《いけだ》先生に「何をすればいいんですか？」と聞くと、先生はこう答えた。

「ボールを持ったらコーナーフラッグ目指してまっすぐ走れ。ボールを持っているやつがいたらつかまえろ」

単純明快《たんじゅんめいかい》。それだけだ。坂田《さかた》さんは、その言葉を守り、初めての試合でトライをした。

「ゴールに入ったら、みんなに、『ボールを押《お》さえろ』と言われました。それがトライでした」

その後も足腰《あしこし》の強さと、スピードでたくさんのトライをした。

高校卒業後は同志社《どうししゃ》大学、近畿日本鉄道株式会社《きんきにほんてつどうかぶしきがいしゃ》でもラグビー部で活躍《かつやく》し、日本を代表するウイングに成長する。日本代表チームにも選ばれ、国際《こくさい》試合もたくさん経験《けいけん》した。

トライは、サッカーやバスケットボールでいえば「ゴール」のようなものだが、坂田《さかた》さんはトライしたとき、けっして笑《わら》わず、はしゃがなかった。

なぜなら、高校の池田監督《いけだかんとく》に「ラグビーはトライをしたものがえらいのではない」と教えられたからだ。

こんな言葉がある。

「ラグビーはチームスポーツであり、ラグビーボールには15人の手あかがついている」

みんながボールを運んできてくれたからこそトライができた。そのことに感謝《かんしゃ》しよう。喜びもみんなで分かち合おうという考え方だ。

ラグビーは体をぶつけ合う、とても激《はげ》しいスポーツだが、坂田《さかた》さんは、ラグビーをしていて感じたことがある。

「ラグビーは《正々堂々》という意味がよく分かるスポーツだな、ということです」

ラグビーのルールは、ボールを持った選手にしかタックルができない。ボールを持った選手はタックルに対して身構《みがま》えることができるし、ボールを持っていない選手は、不意にだれかにタックルされることがない。おたがいに、それを信じて戦っている。

「単純《たんじゅん》だけど、すごいルールだと思います」

ボールを取り合い、取ったチームが攻撃《こうげき》をする。そんなときも、いつも同じ条《じょう》件《けん》でボールを取り合うのが基本的《きほんてき》なルールだ。

「平等の精神《せいしん》でルールが作られています。選手の安全も考えられていて、タックルのときも相手をはじき飛ばすと危《あぶ》ないので、最後まで相手をつかんではなさないように倒《たお》します。怪我《けが》をさせないようにプレーする。これ以上すると、相手が怪我《けが》をしてしまう。それを判断《はんだん》し、相手を思いやりながらプレーするのがラグビーです」

こうした行動を自然に学べるのがラグビーの良さだと坂田《さかた》さんは感じている。

「自分の気持ちをコントロールすること、自制心《じせいしん》を養うのです」

ラグビー王国ニュージーランドでも、坂田《さかた》さんは、さまざまなことを学んだ。最初に興味《きょうみ》をもったのは、大学3年生のころだ。12月にニュージーランドからカンタベリー大学クラブがやって来て、試合をしたのだ。

試合後、「アフターマッチファンクション」があった。これは、ラグビー独特《どくとく》の文化として根付いているものだ。

少し前まで激《はげ》しくぶつかりあっていた両チームが、サンドイッチやジュースなどの軽食をとりながらパーティーをする。そして、両チームのキャプテンがスピーチをして、おたがいの健闘《けんとう》をたたえ合い、友達になるのだ。

このとき、坂田《さかた》さんはカンタベリーの選手たちが、優《やさ》しい笑顔《えがお》で交流してくれることに感心した。これをきっかけにニュージーランドという国にあこがれるようになる。

初めてニュージーランドへ行ったのは、大学卒業後に近鉄《きんてつ》で仕事をしながらラグビーをしていた1966年のことだ。

坂田《さかた》さんは、ここでもニュージーランドの人びとがラグビーを心から愛していることを知った。そして、その親切さ、優《やさ》しさに感動した。

1968年には、日本代表チームの一員として再《ふたた》び訪《おとず》れた。

ニュージーランド代表チームはそのユニフォームの色から「オールブラックス」と呼《よ》ばれている。このとき、オールブラックスは別の国に遠征中《えんせいちゅう》だった。日本代表は、オールブラックスの次に強い23歳《さい》以下の代表「オールブラックス・ジュニア」と対戦。大接戦《だいせっせん》の末に23対19で勝ち、世界をおどろかせた。

平均《へいきん》身長で約10センチも低く、平均《へいきん》体重で約10キロも軽い日本代表が、素早《すばや》く正確《せいかく》に走り回って戦う姿《すがた》は、ラグビー王国の人びとの心をつかんだ。坂田《さかた》さんは、この試合で4トライをあげて注目を集めた。

「ラグビーが強くて、優《やさ》しい人たち。ここでラグビーを思いきりやってみたい」

どうしても、ニュージーランドで自分の力を試したくなった坂田《さかた》さんは、翌《よく》年《ねん》、会社を半年間休み、一人でニュージーランドにわたった。

ニュージーランドは、日本の7割《わり》くらいの広さの島国で、大きく分けると、北島と南島がある。坂田《さかた》さんは南島のカンタベリー平野にある都市クライストチャーチで、ある家庭にホームステイした。そして、カンタベリー大学クラブでプレーすることになった。

ここから坂田《さかた》さんは一人だけの伝説を次々に作る。

トップスピードで走ったと思ったら、とつぜんストップ、また走り出す。強い足腰《あしこし》を持っているからこそできる「チェンジ・オブ・ペース」という走り方でラグビー王国の一流選手をきりきり舞《ま》いさせた。

オールブラックス・ジュニアに
勝った試合での坂田《さかた》さんのトライ

毎試合のようにトライをし、カンタベリー大学クラブが所属《しょぞく》するカンタベリー地区のリーグ戦でトライ王にもなった。

英語を上手《うま》く話せたわけではない。それでも、一生懸命《けんめい》ラグビーに打ちこむ日本人を、ニュージーランドの人びとはあたたかく見守り、なにかと助けてくれた。

坂田《さかた》さんは、日本ではくりくりとした目から「デメ」と呼《よ》ばれていたのだが、ニュージーランドでは、それが変化して「デミ」と言われた。デミには英語で「半分」という意味がある。体が小さかったのでその呼《よ》び名になったのだ。

南島にある大学クラブの選抜《せんばつ》チームにも選ばれた坂田《さかた》さんは、北島大学クラブ選抜《せんばつ》との対抗戦《たいこうせん》に出場する。この試合は、南と北を合わせたニュージーランド全体の大学クラブ選抜《せんばつ》のメンバーを決める選考試合だった。

ここで坂田《さかた》さんは忘《わす》れられない経験《けいけん》をした。

北島の左ウイングには、オールブラックスに選ばれていたマイク・オカラハンという選手がいた。坂田《さかた》さんと同じポジションだ。坂田《さかた》さんはこの選手を必死のタックルで止め、攻《せ》めては、２トライをあげた。

試合終了後《しゅうりょうご》、すぐにニュージーランド大学クラブ選抜《せんばつ》のメンバーが発表された。

いくら活躍《かつやく》したとはいえ、相手はオールブラックスの選手だ。だれもが左ウイングのところで呼《よ》ばれるのはオカラハンだと思っていた。ところが、名前を呼《よ》ばれたのは、「サカタ」だったのだ。

選手を選ぶ人は、ニュージーランド人、日本人ということを差別せず、その試合で活躍《かつやく》した人を正当に評価《ひょうか》し、選んでくれた。

おどろく坂田《さかた》さんのもとに、オカラハンがやってきた。どうしたのかと思ったら、右手を差し出し、「おめでとう！」と言って握手《あくしゅ》をしてくれた。

坂田《さかた》さんは胸《むね》がいっぱいになった。くやしいはずなのに、笑顔《えがお》でお祝いの言葉を言ってくれたのだ。

「もし、自分が選ばれなかったとき、同じようにできるだろうかと思いました。彼《かれ》はラグビーが上手《うま》いだけではなく、人間として素晴《すば》らしいと思いました」

オールブラックスのスター選手でも、けっしてえらそうな態度《たいど》はとらない。普《ふ》通《つう》の人と同じようにレストランで食事もするし、買い物もする。そうした選手たちを、一般《いっぱん》の人びとも特別な目で見ない。

「選手を尊敬《そんけい》していても、同じ人間だという接《せっ》し方です。おたがいに自然体なのです」

ラグビーはひきょうなことを許《ゆる》さない。それもニュージーランドで感じたことだ。

カンタベリー大学クラブのウイングとして活躍《かつやく》していると、見えないところで相手選手にジャージを引っ張《ぱ》られることがあった。スピードのある坂田《さかた》さんの出足をおくらせるためだった。ボールを持った選手にしかタックルしてはいけないルールだから、これは反則《はんそく》だ。

そんなときは、キャプテンが相手選手に抗議《こうぎ》し、守ってくれた。

「デミ、今度そうされたらおこっていい。正々堂々と戦うのがラグビーなんだ」

ひきょうなプレーをする選手は尊敬《そんけい》されない。そんな選手は、オールブラックスになれない。

「オールブラックスはだれもが尊敬《そんけい》する人です。だから子どもたちもそんな選手になりたいとあこがれるのです」

坂田《さかた》さんは、約5か月間プレーしたところで、日本に帰ることになった。会社には休暇《きゅうか》をとってきていたし、日本のラグビーシーズンも始まる。近鉄《きんてつ》の一員としてプレーする責任《せきにん》もあった。

ニュージーランドの人たちは坂田《さかた》さんの帰国を残念がった。あと一年、ここでプレーすれば、オールブラックスに選ばれる可能性《かのうせい》が高かったからだ。

坂田《さかた》さんが5か月間で選ばれた代表チームは次の通りだ。

カンタベリー州代表、ニュージーランド大学クラブ選抜《せんばつ》、ニュージーランドバーバリアンズ（名誉《めいよ》ある選抜《せんばつ》チーム）。特にカンタベリー州代表は、この年のニュージーランド最強で、たくさんのオールブラックスがプレーしていた。世界の人びとが一番おどろくのは、カンタベリー州代表に選ばれたことだ。

帰国すると、羽田《はねだ》空港には大勢《おおぜい》の報道陣《ほうどうじん》が取材に来ていた。出発するときは、一人もいなかったのに、である。

その後、坂田《さかた》さんは32歳《さい》まで現役《げんえき》でプレー。引退後《いんたいご》は近鉄《きんてつ》を退社《たいしゃ》し、大阪《おおさか》体育大学ラグビー部の監督《かんとく》になった。

監督《かんとく》になったころは、苦しい練習ばかりで、ヘトヘトになるまで選手を追いこんだ。しかし、チームはなかなか強くならなかった。

あるとき、自分が選手を機械のようにあつかっていたことに気付く。

「自分で考えて行動するのが人間です。選手たちが考え、自分たちのやりたいことができるチームにしようと考えを変えました」

指導者《しどうしゃ》の気持ちが変わるとチームも変わる。チームは関西《かんさい》大学Ａリーグで優勝《ゆうしょう》し、全国大会でもベスト４に進むほどになった。

「負けて頭を下げるのは監督《かんとく》、勝って胸《むね》を張《は》るのは選手」

これは、監督《かんとく》になって10年ほどたったとき、坂田《さかた》さんがある新聞に書いた言葉だ。

「選手がいなければ指導者《しどうしゃ》は存在《そんざい》しない。社員がいるから会社がある。生徒がいるから先生がいるのです」

選手が主役だということを考えながら指導《しどう》を続けた。

２００６年度、大阪体育大学《おおさかたいいくだいがく》は関西大学《かんさいだいがく》Aリーグで優勝《ゆうしょう》した。平瀬健志《ひらせたけし》という選手がキャプテンだった。このころの坂田監督《さかたかんとく》は、60歳《さい》を過《す》ぎていて、選手といっしょに走ることはできなかった。かわりに毎日グラウンドに立ち、じっと選手たちを見守った。

選手たちは、練習後「監督《かんとく》、きょうの練習はどうでしたか？　あのプレー見ていてくれましたか？」と話しかけてくる。

孫のような選手たちの言葉にこたえようと、毎日、じっと練習を見つめた。選手たちは自分たちで練習のスケジュールを考え、けっして手をぬくことなく練習した。坂田監督《さかたかんとく》は選手たちにいつも言っていた。

「尊敬《そんけい》される選手とは、信頼《しんらい》される選手のことだ。そのためにはすべての面で全力をつくすこと。そんな選手になれ」

選手たちは約束を守ってくれた。この年の夏、チームはニュージーランドへ遠《えん》征《せい》した。

4試合して4勝する大成功の遠《えん》征《せい》だったのだが、坂田《さかた》さんは、ニュージーランドに着いて2日目に気持ちが悪くなって倒《たお》れてしまう。

病院で横になり、体調は回復《かいふく》したのだが、それから選手たちは監督《かんとく》の体調に気を配るようになった。

選手たちは、どんどん強くなり、最後はライバルの同志社《どうししゃ》大学にも勝ち、15年ぶりの優勝《ゆうしょう》を決めた。

「監督《かんとく》、胴上《どうあ》げさせてください」

その胴上《どうあ》げは、ほんの少し監督《かんとく》を持ち上げるだけのかわいらしいものだった。平瀬《ひらせ》キャプテンが、監督《かんとく》の体を心配して、「あまり高く上げるな」と話していたからだ。

試合に勝つだけではなく、人に優《やさ》しくできる選手に育ってくれたことがうれしかった。これが、坂田《さかた》さんの監督《かんとく》生活最後の優勝《ゆうしょう》になった。

大学を定年退職《たいしょく》したのは２０１２年のこと。監督《かんとく》として36年間指導《しどう》にあたったことになる。その間、関西《かんさい》大学Aリーグで5度優勝《ゆうしょう》、全国大会で3度のベスト4になり、日本代表選手を12名育てた。

チームを強くするだけではなく、ニュージーランドで経験《けいけん》した、みんながラグビーを楽しむスタイルを広めた。関西《かんさい》大学Aリーグに、ジュニア（二軍）リーグ、コルツ（三軍）リーグを設立《せつりつ》して、たくさんの選手が試合を楽しめるシステムを作ったのだ。


若《わか》いころに出会った海外の選手とはその後もずっと交流を続け、世界中に友達を増《ふ》やした。それはかけがえのない財産《ざいさん》だ。

心に残るエピソードがある。

友人の一人であるフランス人のジョー・マゾのことだ。

マゾは、坂田《さかた》さんと同時期にフランス代表で活躍《かつやく》した選手で、１９６8年、日本代表が遠征《えんせい》した同じ年にニュージーランドに遠征《えんせい》していた。そして、その活躍《かつやく》で、１９６８年にニュージーランドでプレーした選手のなかでの最優秀《さいゆうしゅう》選手の５人に選ばれていた。坂田《さかた》さんもその中の一人だった。

だから、２人はそのときからおたがいのことを知っていた。しかし、会ったのは一度だけだ。１９７３年、日本代表がフランスに遠征《えんせい》したとき、試合をしたことがあったのだ。

仲良くなったのは、その試合から30年たった２００３年のことだ。

坂田《さかた》さんがニュージーランドを訪《おとず》れ、マゾがフランス代表チームの団長《だんちょう》として来ていたとき、再会《さいかい》したのである。

「マゾがニュージーランドに来ているのを知っていたので、ホテルに会いにいきました。すると、外出しているという。探《さが》しに出てみると、街角でばったり会ったのです。その瞬間《しゅんかん》、彼《かれ》は大きく手を広げて、私の肩《かた》を抱《だ》いて、会えてうれしいよ、ほんとうに良かった、と喜んでくれたのです」

マゾは、坂田《さかた》さんをホテルに連れていき、フランス代表のトレーニングウェアをプレゼントしてくれ、いっしょにいた奥《おく》さん、息子《むすこ》にもプレゼントをわたしてくれた。

30年ぶりに会ったのに、ずっと友達だったような親近感がわいた。ラグビーが友情《ゆうじょう》を大切にするスポーツだということを実感すると同時に、マゾの友達を大切にする態度《たいど》に感心した。

正々堂々とプレーした者同士、フェアに行動した者同士はすぐに友達になることができるし、言葉や民族の壁《かべ》を越《こ》えることができるのだ。

坂田《さかた》さんは2007年、フランスで行われた第6回ラグビーワールドカップの開会式には、世界の「レジェンド」の一人としてグラウンドを走り、若《わか》い選手たちへパスをする役目を果たした。世界中から20人のレジェンドが集まった。

「有名な名選手ばかりなので緊張《きんちょう》していたのですが、みんなと親しく話すことができました。だれもえらそうな態度《たいど》をとらず、目の前のラグビー仲間を認《みと》め、受け入れてくれるのです」

人びとの尊敬《そんけい》を集めてきた名選手たちの態度《たいど》は、だれに対しても平等で気持ちのよいものだった。

「尊敬《そんけい》される人は、えらぶらないし、人をいじめたりしません。困《こま》ったときは助けてくれる。頼《たよ》りになる人です。おたがいに頼《たよ》りにして、助け合う。それを学ぶのがスポーツだと思います。指導者《しどうしゃ》のみなさんも、子どもたちといっしょに楽しんでほしいです」

大阪体育大学《おおさかたいいくだいがく》を退任《たいにん》した坂田《さかた》さんは、関西ラグビーフットボール協会の会長となり、いまもラグビー精神《せいしん》を多くの人に伝え、広めることに力をつくしている。

第3章

情熱《じょうねつ》

ラグビーに関《かか》わる人びとは、
ゲームに対する情熱的《じょうねつてき》な
熱意をもっている。
ラグビーは、興奮《こうふん》を呼《よ》び、
愛着を誘《さそ》い、
グローバルな
ラグビーファミリーへの
帰属意識《きぞくいしき》を生む。

（ラグビーフットボール競技規則《きょうぎきそく》より）

「情熱」とは、勉強やスポーツ、自分が好きなことに取り組む、熱い気持ちのことだ。

ラグビーは選手同士が激《はげ》しくぶつかり合うスポーツだ。怪我《けが》をしない丈夫《じょうぶ》な体を作るため、厳《きび》しい練習をしなくてはいけない。そんな練習を乗り越《こ》え、仲間といっしょに戦う選手たちは、みんな熱い心をもっている。

この章では、ほとばしるような情熱《じょうねつ》でラグビーに取り組み、オリンピック出場の夢《ゆめ》をかなえた女子ラグビー選手、兼松由香《かねまつゆか》さんを紹介《しょうかい》したい。

由香《ゆか》さんは、2016年の夏、ブラジルのリオデジャネイロで行われたオリンピックに、女子7人制《せい》ラグビー日本代表「サクラセブンズ」として出場した。由《ゆ》香《か》さんは、小学生の娘《むすめ》を持つ、唯一《ゆいいつ》のお母さん選手でもあった。

由香《ゆか》さんは、1982年、愛知《あいち》県で生まれた。お兄さんがラグビースクールに通っていた影響《えいきょう》で、5歳《さい》のときからラグビーを始めた。

「小さいころ、毎回、兄の練習について行っていました。そうしたら、コーチから、

『いつもついて来ているのなら、由香《ゆか》ちゃんもやったらいいじゃないか』と勧《すす》められたんです」

ラグビーはボールを持って自由に走り回ることができるスポーツだ。コーチはそれを教えようとしたのだが、由香《ゆか》さんは最初、ボールをキャッチすることが怖《こわ》かった。それはそうだ。小さな子どもにとって、ラグビーボールは、自分の顔以上に大きいのだから。でも、そのうちにボールを持って走るのが面白く夢中《むちゅう》になっていく。

走ってくる選手を止めるには、体をぶつけるタックルで止めなくてはいけない。由香《ゆか》さんは勇気をもって相手を倒《たお》した。体の大きな子をタックルで止めると、みんながほめてくれた。それが、とてもうれしかった。

ラグビースクールでは、男の子も女の子もいっしょにラグビーをする。由香《ゆか》さんは元気いっぱいの女の子で、ラグビー以外にも、サッカー、ソフトボール、ミニバスケットボール、陸上競技《きょうぎ》の短距離《たんきょり》、長距離《ちょうきょり》と、いろんなスポーツをした。

お父さん、お母さんは、ほとんどスポーツの経験《けいけん》がなかったが、由香《ゆか》さんには

ラグビーを始めたころ。お兄さんといっしょに

いろんなスポーツをやらせてくれた。それが良かったのかもしれない。由香《ゆか》さんはバランスよく運動能力《のうりょく》を高めながら成長していく。

ほかのスクールとの試合もあった。男の子と同じ服装《ふくそう》でプレーしているので、見た目では女の子だとは気づかれない。でも、試合のとちゅうで女の子がいるとわかると、相手チームからいやな声が聞こえてくる。

「あいつ女だ」

「女に負けるな」

由香《ゆか》さんは5歳《さい》からラグビーを始めたので、ラグビーが男のスポーツとか女のスポーツとかいう区別をしたことがなかった。しかし、相手チームは「女に負けるな」と言っている。だったら、女の方が強いって見せてやると、闘志《とうし》がわいた。

ちょっと悲しい経験《けいけん》もした。

「試合が終わって、両チームが握手《あくしゅ》をするとき、女の子だとわかると、握手《あくしゅ》をしてくれないのです」

男の子たちからすれば、恥《は》ずかしかったのかもしれない。でも、無視《むし》されるのはつらかった。

うれしいことがあったのは、小学6年生の試合だった。大阪《おおさか》のチームとの試合後、いつものように両チームが向かい合った。

「ちゃんと握手《あくしゅ》してくれた男の子がいたのです。大阪弁《おおさかべん》で、ありがとう、って言ってくれた。それがすごくうれしかった。一人のラグビー選手として、認《みと》められた気がしました」

うれしい気持ちを、作文に書いたほどだった。試合の結果は覚えていない。勝ったとか、負けたとかよりも、ごくふつうに握手《あくしゅ》してくれたことがうれしかったのだ。

同じチームでは、こんなことがあった。円になってみんなでパスの練習をしているとき、由香《ゆか》さんを飛ばして、次の選手にパスをした男の子がいた。そのとき、「おい！（仲間なんだから）パスしてやれよ」と言ってくれた子がいた。同じ学年の藤井淳《ふじいじゅん》くんだった。仲間として認《みと》めてくれていることがうれしかった。

藤井《ふじい》くんは、そのあと明治《めいじ》大学、東芝《とうしば》と強いチームでラグビーを続け、日本代表選手にもなった。頼《たよ》りになる友達だ。

将来《しょうらい》の夢《ゆめ》を描《えが》き始めたのもこのころだ。由香《ゆか》さんたちが練習する横では、名古《なご》屋《や》レディースという大人の女子チームが練習をしていた。当時の名古屋《なごや》レディースには日本代表選手もいて、女子のラグビーワールドカップに出場している人がいた。由香《ゆか》さんにとっては、あこがれの選手たちだった。

「小学6年生のころから、私《わたし》もここに入ってラグビーがしたいと思っていました」

入学した中学校にはラグビー部がなかったので運動を続けるためにソフトボール部に入った。ソフトボールに打ちこみ、高校でも続けると全国大会に二度出場することができた。同じチームには卒業してもソフトボールを続ける友達もいたが、由香《ゆか》さんはラグビーにもどると決めていた。

「私《わたし》は、ソフトボールは上手《うま》いほうではなかったです。ソフトボールは中学、高校の6年間続けました。それも楽しかったのですが、ずっとラグビーがしたいと思っていました。だから、なやむことはなかったです」

どうして、由香《ゆか》さんは、こんなにラグビーが好きなのだろう。

「ラグビーは助け合えるスポーツだからです」

ラグビーにもソフトボールと同じようにポジションが決まっていて、その位置での役割分担《やくわりぶんたん》がある。しかし、ラグビーはボールが動き始めると、ポジションは関係がなくなり、位置を移動《いどう》してみんなで助け合って相手のゴールまでボールを運び、守るときも、みんなで協力してタックルをする。

「だからこそ、ふだんの人間関係が大事です。大きらいな人とは助け合えないですから。だから、ちょっときらいだなって思った人とも仲良くなろうと努力する。きらいな人を作らないようにしていました」

高校卒業後、ラグビーにもどった由香《ゆか》さんは一生懸命《けんめい》努力して、15人制《せい》ラグビー、7人制《せい》ラグビーの両方で日本代表に選ばれるまでになった。

しかし、すべてが順調だったわけではない。159センチ、58キロ。ラグビー選手としては小さな体で精一杯《せいいっぱい》プレーするので、怪我《けが》も多かった。2009年の女子7人制《せい》ラグビーワールドカップでは、日本代表メンバーとして予選（2008年）に出場し、本大会の出場権《けん》を勝ち取りながら、大会に出発する一週間前に練習中にひざを怪我《けが》してしまう。結局、本大会でプレーすることはできなかった。

「そのとき私《わたし》は、日本代表キャプテンでした。意気ごんでいたからくやしかったです」

復帰《ふっき》までは時間がかかったが、由香《ゆか》さんの情熱《じょうねつ》がおとろえることはなかった。

2003年、ラグビーが盛《さか》んな国ニュージーランドに半年間留学《りゅうがく》したことがある。このとき、由香《ゆか》さんは、ニュージーランドの『ママさん選手』をたくさん見かけた。ベビーカーを押《お》してグラウンドにやってきてラグビーをしている。お母さんが練習をしている間、子どもたちはグラウンドの脇《わき》で、ラグビーボールを使って遊んでいた。

「ラグビーは出産しても続けられるスポーツだと思いました。なぜ日本はそうではないのか。それからは、私《わたし》の目標はお母さんになってラグビーをすることになりました。外国では多くの女性が出産後もプレーしています。自分がそれをすれば、日本でもできるものだと思ってもらえると考えたのです」

その後、由香《ゆか》さんは結婚《けっこん》し、２００７年に長女の明日香《あすか》さんを出産。なんと出産後1か月で試合に復帰《ふっき》した。２００９年の怪我以降《けがいこう》も日本代表で活躍《かつやく》した由香《ゆか》さんは、２０１６年、７人制《せい》ラグビーが初めて正式種目として採用されたリオデジャネイロ・オリンピックに出場するチャンスを得る。

女子７人制《せい》ラグビー日本代表は、「サクラセブンズ」の愛称《あいしょう》で親しまれている。胸《むね》にかがやくエンブレムが桜《さくら》だから、その愛称《あいしょう》がついている。

オリンピックに出場できるのは12か国。サクラセブンズは、アジア予選で1位になれば出場することができた。

アジア予選が行われた２０１５年11月、由香《ゆか》さんは33歳《さい》になっていた。12名の日本代表メンバーに選ばれた由香《ゆか》さんは、チームメイトにこんな言葉をかけられた。

「たとえ自分が行けなくても、由香《ゆか》さんには行ってほしい」

メンバー争いは激《はげ》しく、もし予選を突破《とっぱ》してオリンピックの出場権《けん》を獲得《かくとく》しても、最終メンバーに入ることが決まっているわけではない。それでも、由香《ゆか》さんの苦労を見てきた若《わか》い選手たちは、そういう気持ちになっていた。サクラセブンズとしてオリンピックに出場し、これまで日本の女子ラグビーを支《ささ》えてきてくれた人たちといっしょに喜びたい。そんな気持ちで一つになっていたのだ。由香《ゆか》さんも同じ気持ちだった。

「先輩《せんぱい》たちが思いをつないでくれたから今がある。私《わたし》がオリンピックに行けなかったとしても、それまでに自分がやってきたことが、だれかのどこかに残っていて、結果的に金メダルをとったら、貢献《こうけん》したことになるんじゃないかと思っていました。みんな必死で練習していましたから、だれが行ったってかまわないと思っていました」

東京の秩父宮《ちちぶのみや》ラグビー場で行われた最終予選で勝利。出場を決めた。応援《おうえん》してくれた人たちに感謝《かんしゃ》するため、スタンドに手をふりながら「ウイニングラン」をしていると、これまで日本の女子ラグビーを支《ささ》えてきた先輩《せんぱい》たちが泣いていた。由香《ゆか》さんに「ありがとう」と声をかけながら。

女性がラグビーをすることが、世の中の人々に認《みと》められず、男性のラグビーに比《くら》べると環境《かんきょう》も悪い中で苦労してきた先輩《せんぱい》たちが、祝福してくれている。

由香《ゆか》さんは、ラグビーをしていて、痛《いた》くても苦しくても泣いたことがなかったのだが、このとき初めて泣いた。

サクラセブンズは、2016年8月、ブラジルのリオデジャネイロで行われたオリンピックに出場した。体操《たいそう》の内村航平《うちむらこうへい》選手や、水泳の萩野公介《はぎのこうすけ》選手が金メダルを獲得《かくとく》したほか、日本選手団《だん》が大活躍《だいかつやく》したオリンピックだ。

サクラセブンズも「金メダル」を合言葉に年間250日にもおよぶ合宿をし、努力を重ねてリオに乗りこんだ。集まった選手はみんな情熱《じょうねつ》があったし、弱音をはかずにがんばった。

しかし、結果は12チーム中10位。目標は達成できなかった。由香《ゆか》さんは、5試合中2試合に出場したが、いずれも交代出場。金メダルを目標に掲《かか》げていただけにくやしかった。

サクラセブンズでは唯一《ゆいいつ》のママさん選手
として活躍《かつやく》　© JRFU

すべての試合が終わったとき、リオデジャネイロまで応援《おうえん》に来ていた娘《むすめ》の明日《あす》香《か》ちゃん(9歳《さい》)が、ごほうびをくれた。

手作りの桜《さくら》色のメダルと表彰状《ひょうしょうじょう》だった。そこにはこう書かれていた。

「かあちゃん、オリンピックよくがんばりました。かあちゃんのタックルが一番よかったです」

明日香《あすか》ちゃんは、お母さんのトレーニング、試合をずっと見てきた。結果ではなく、ずっとがんばってきたことをたたえてくれたのだ。メダルの色が桜《さくら》だったのが、明日香《あすか》ちゃんの気持ちを表していた。

サクラセブンズの桜《さくら》のエンブレムを身に着けて活躍《かつやく》しているときも、選ばれなくて苦しんでいるときも、いつも明日香《あすか》ちゃんはお母さんのがんばりを見ていたのだ。

ただし、由香《ゆか》さんが、オリンピックに出たことの価値《かち》と、桜《さくら》色のメダルの意味を本当に理解《りかい》するのは日本に帰国後のことだった。

「リオから帰って、子どもたちの前で講演《こうえん》をする機会が増《ふ》えました。そんなとき、オリンピックに出るまで努力したことは話せるのですが、最終的に自分は何を伝えたいのか分からなくなったのです」

金メダルを目指し、それがかなわなかった自分に「努力すれば夢《ゆめ》はかなう」という言葉は言えなかった。

そんなとき、由香《ゆか》さんは、オリンピックに出場した人「オリンピアン」たちが集《つど》う研修会《けんしゅうかい》に参加した。そこで、大学でオリンピックの歴史《れきし》を研究している來《らい》田享子《たきょうこ》先生の話を聞いた。

「オリンピックに出場したから、オリンピアンなのではありません。オリンピックに出場しなくても、オリンピアンにはなれるのです」

先生の話が、最初は理解《りかい》できなかった。オリンピックに出場していないのに、オリンピアンになれるとは、どういう意味なのか。しかし、先生の話を90分聞いて、ようやくその言葉の意味が理解《りかい》できた。

近代オリンピックの創設者《そうせつしゃ》であり、フランスの教育者だったピエール・ド・クーベルタンは、1894年のIOC《アイオーシー》（国際《こくさい》オリンピック委員会）の設立時《せつりつじ》に「より速く、より高く、より強く」をオリンピックのモットーにするよう提案《ていあん》した。この言葉は競技《きょうぎ》としてのレベルアップだけを意味しているのではなく、人間としても日々向上していこうという思いがこめられている。

「スポーツを通して心身を向上させ、文化・国籍《こくせき》などさまざまなちがいを乗り越《こ》え、友情《ゆうじょう》、連帯感、フェアプレーの精神《せいしん》をもって理解《りかい》し合うことで、平和でよりよい世界の実現《じつげん》に貢献《こうけん》する」

これが、クーベルタンが思い描《えが》いていたオリンピックの考え方だ。近年、IOC《アイオーシー》は、オリンピックの価値《かち》を卓越性《たくえつせい》（エクセレンス）、友愛（フレンドシップ）、尊重《そんちょう》（リスペクト）という3つのキーワードで表現《ひょうげん》して、これを選手たちに行動で示《しめ》すことを求めている。

「私《わたし》は、オリンピックに出場したけど、オリンピックについて何も知らなかったのです。あの人は、オリンピアンだと言われることは恥《は》ずかしいと思うようになりました。『オリンピックという言葉で何を想像《そうぞう》しますか？』と聞かれたら、私《わたし》は金メダルとしか答えられなかった。サクラセブンズのみんなも、そう答えたでしょう。金メダルしか見ていなかったのです。他《ほか》のチームと交流するという大事なことを忘《わす》れていました。あんなに苦しい練習をしてきたのに、目標が達成できなかったというくやしい気持ちしかなかった。努力してきた日々さえも否定《ひてい》してしまうようになっていました。そうではないのです。みんなでオリンピックを目指した日々に意味があったのです」

明日香《あすか》ちゃんがくれた桜《さくら》のメダルこそが大切なことを教えてくれていたのだ。それこそが、由香《ゆか》さんにとって、他《ほか》とはちがう「エクセレンス」つまり他《ほか》より優《すぐ》れている能力《のうりょく》、卓越性《たくえつせい》だった。

「フレンドシップ」は、いっしょにがんばってきた仲間のことを思った。

そして、「リスペクト」で思い出すことがあった。

日本の女子ラグビーは、海外の強豪国《きょうごうこく》に比《くら》べると体格《たいかく》が小さく、力負けしてしまうことが多かった。アジアの中のライバルでは、カザフスタンになかなか勝てなかった。

15人制《せい》ラグビーでは、何度もワールドカップ出場をはばまれている。7人制《せい》ラグビーにも、ワールドカップがあり、ここでもカザフスタンには負けていた。

しかし、2008年に開催《かいさい》された7人制《せい》ラグビーワールドカップのアジア予選で、初めてカザフスタンに勝つことができた。由香《ゆか》さんはチームの副キャプテンだった。

「カザフスタンに初めて勝ったことで、選手たちはうれしくて、みんな、はしゃいでいました」

ラグビーには、試合が終わると両チームがいっしょに軽食をとりながら交流する「アフターマッチファンクション」というパーティーがある。それが友情《ゆうじょう》を大切にするラグビーの文化だ。このファンクションの最中、笑顔《えがお》がいっぱいの日本代表のテーブルにカザフスタンの選手たちがやってきた。

彼女《かのじょ》たちは全員がチームのマスコットになっているぬいぐるみを持っていた。そして、「おめでとう」と言って、それを日本の選手にプレゼントしてくれたのだ。彼女《かのじょ》たちは、準決勝《じゅんけっしょう》で日本に負けたことでワールドカップへの出場はできなくなっていた。

「くやしかっただろうし、悲しかったはずです。それでも彼女《かのじょ》たちは日本を祝福してくれました。その態度《たいど》がうれしくて、彼女《かのじょ》たちを尊敬《そんけい》しました。もし、私《わたし》たちが出場を逃《のが》したら、くやしくて、わんわん泣くだけだったのではないかと思ったんです。彼女《かのじょ》たちはラグビー選手としてだけではなく、人間として素晴《すば》らしいと思ったのです」

実は、リオデジャネイロ・オリンピックの予選でもカザフスタンはサクラセブンズに負けて出場を逃《のが》した。それでも彼女《かのじょ》たちは日本を祝福してくれた。対戦相手を尊重《そんちょう》しているからこその行動だった。

由香《ゆか》さんは思った。

「10位ということを恥《は》ずかしがらず、これからどう行動していくかが大事だと思いました。オリンピックに出たら終わりではなく、これからの生き方で、自分がオリンピアンとしてふさわしい人間になることができる。オリンピックに出場しなくても、オリンピアンになれるのだということを発信したいと思うようになりました」

オリンピックに出場した自分だからこそ、発信できることがある。そう気付いてからは、子どもたちに講演《こうえん》するときも、はっきりと自分の思いを話せるようになった。伝えたいことがはっきりしたのだ。

「運動会で一等賞になれなかったときに、一等賞の人にちゃんと拍手《はくしゅ》をできることが重要なのです。だれだって勝ちたい。でも、負けたときにどういう態度《たいど》をとるかということが人として大切です。子どものころの運動会のことを思いだすと、赤組、白組に分かれて争って負けたとき、先生が『負けたときは、相手の組に拍手《はくしゅ》をしましょう』と教えていました。それがとても重要なことだったのだと思えるようになりました」

由香《ゆか》さんは、小学生にラグビーを教えることも多い。そんなときは、実技《じつぎ》の後、みんなにこんな質問《しつもん》をするそうだ。

「実技《じつぎ》の中でオリンピックバリューをしましたか？」

オリンピックバリューとはクーベルタンの提唱《ていしょう》した考え方のことだ。

「試合が終わったあとに握手《あくしゅ》をしました」、「おたがいに助け合ってボールをつなぎました」、「一生懸命《けんめい》、最後までがんばりました」。

そういう言葉が返ってくると、「みんな立派《りっぱ》なオリンピアンだね、よくがんばりました」と言うようにしている。

今後もオリンピアンとして、大切なことを教えていきたいと、由香《ゆか》さんは考えている。

由香《ゆか》さんは、明日香《あすか》ちゃんに「かあちゃんは、強いけど優《やさ》しいね」と言われたことがある。由香《ゆか》さんは、「そうだよ。ラグビーは心が優《やさ》しくないとできないんだよ」と答えた。

「グラウンドに転がっているボールに身を投げ出してしっかりと自分たちのボールにすることは、仲間のためにがんばろうという優《やさ》しい気持ちがあるからできることです。かっこいいパスをするより、一番良いタイミングで受ける選手がキャッチしやすいボールを投げているかが大切です。チームスポーツでは、いつも相手の気持ちに立つことが大事なのです。オリンピックの考え方と、ラグビー精神《せいしん》はよく似《に》ています。人として大切なことを伝えやすいスポーツだと思います」

由香《ゆか》さんはいま、ラグビーがオリンピック種目になったことをきっかけに、オリンピックとラグビーを結び付けて伝えていく必要があると考えている。

そして、まだまだプレーも続けたいと思っている。

「いっしょにプレーするから教えられることもあると思うのです」

由香《ゆか》さんのラグビーへの「情熱《じょうねつ》」は少しもおとろえていないのだ。

由香《ゆか》さんと明日香《あすか》ちゃん

第4章

結束

ラグビーは、生涯《しょうがい》続く友情《ゆうじょう》、
絆《きずな》、チームワーク、
そして、文化的、
地理的、政治的《せいじてき》、
宗教的《しゅうきょうてき》な相違《そうい》を超《こ》えた
忠誠心《ちゅうせいしん》へとつながる
一体的な精神《せいしん》をもたらす。

（ラグビーフットボール競技規則《きょうぎきそく》より）

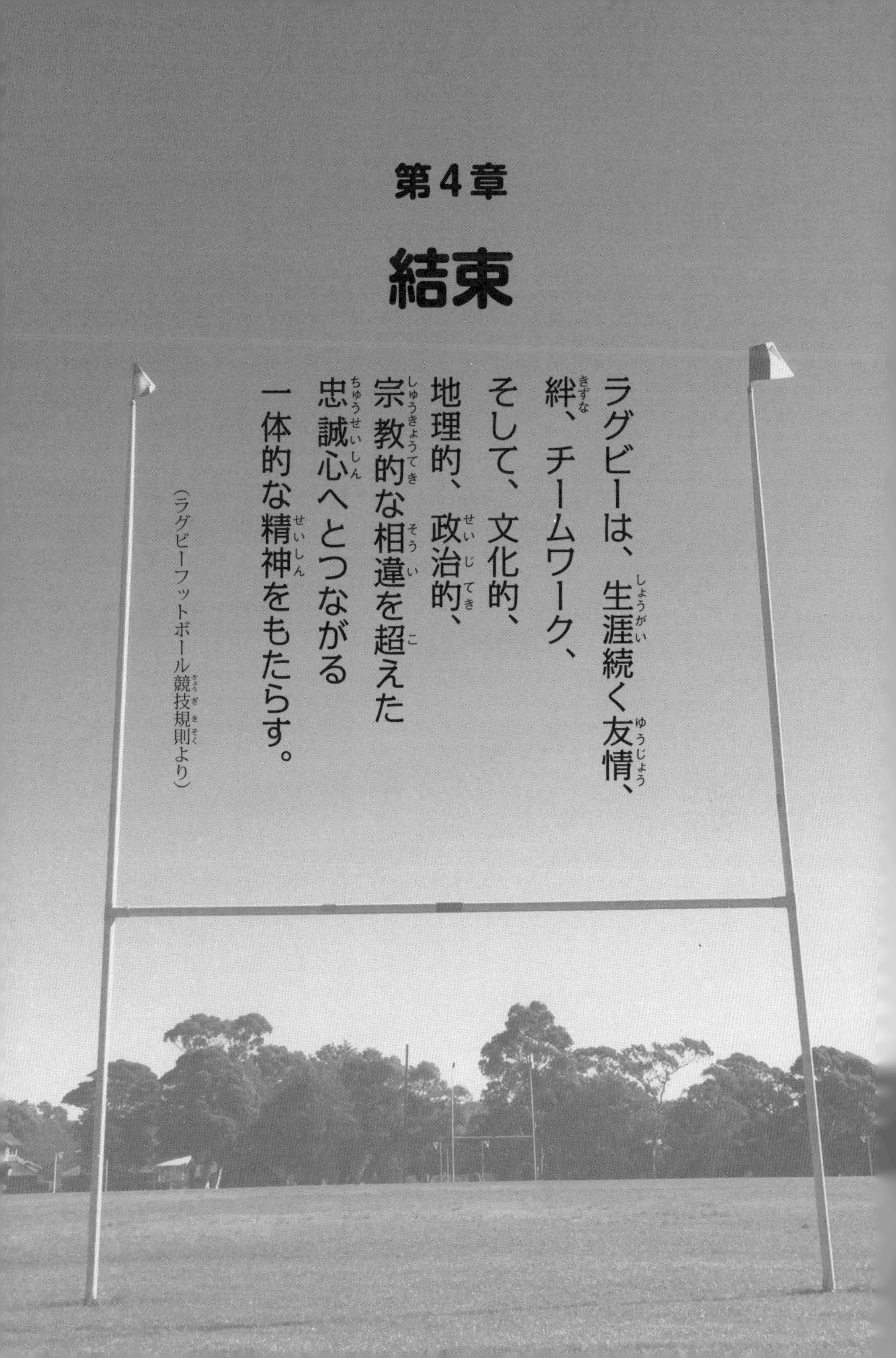

「結束」とは、志《こころざし》を同じくする者が一つにまとまることだ。チームが団結力《だんけつりょく》をもつには、結束の強さが大切だ。

ラグビーの日本代表チームには、さまざまな国籍《こくせき》をもつ選手がいる。その出身国は、ニュージーランド、オーストラリア、トンガ、韓国《かんこく》などいろいろだ。

なぜ、日本の代表チームなのに海外出身の選手がいるのか。それは、ラグビーは国代表選手の資格《しかく》に国籍《こくせき》を問わないから。これは国際的《こくさいてき》なルールなのだ。

日本代表選手になるための条件《じょうけん》は次の3つだ。このうちのどれかにあてはまればいい。

「その選手が日本で生まれた」

「両親か祖父母《そふぼ》の一人が日本で生まれた」

「代表メンバーに選ばれる前の3年間、日本に住んでいた」

もちろん、選ばれるためには、国際的《こくさいてき》に活躍《かつやく》できる実力がなくてはいけないし、人間的にもしっかりしていなければ、代表チームには入れない。

大人数でいっしょに戦うスポーツなので、チームメイトが「ひとつ」になって戦うことを重んじている。日本代表とは、日本人の代表ではなく、日本でラグビーをプレーする仲間の代表なのだ。ひとつになって戦う仲間を、国籍《こくせき》や民族、信仰《しんこう》する宗教《しゅうきょう》などで区別することはない。

これから紹介《しょうかい》するイーリ ニコラスさんは、日本の社会人チーム神戸製鋼《こうべせいこう》コベルコスティーラーズでプレーするプロのラグビー選手だ。

ニコラスさんは、1988年10月、北海道札幌《ほっかいどうさっぽろ》市で生まれた。お父さんのマーク・イーリさんはニュージーランド人、お母さんのみゆきさんは日本人だ。マークさんが、北海道《ほっかいどう》大学に留学《りゅうがく》しているときに、みゆきさんと出会って結婚《けっこん》した。そして、3人の男の子が生まれた。

ニコラスさんは、日本国籍《こくせき》をもっているので、名前が日本語と同じ、姓《せい》、名の順になっている。だから、イーリ ニコラス。

お父さんは仕事をしながら、北海道《ほっかいどう》バーバリアンズというラグビーのクラブチームでプレーしていたので、ニコラスさんは、幼《おさな》いころからお父さんの試合を見に行っていた。

最初にお父さんからもらったおもちゃは、ラグビーボール。ラグビーのジャージ、ラグビーの絵がプリントされたTシャツ。まわりの物はラグビー一色だった。

いろいろな国の子どもが集まるインターナショナルスクールの幼稚園《ようちえん》に通い始めたが、お父さん、お母さんとの会話は日本語だった。5歳《さい》のときに家族でニュージーランドへ引っ越《こ》し、ニュージーランドの南島にある都市クライストチャーチの小学校に入学した。

「最初は英語が分からなくて大変だったのですが、だんだん慣《な》れてきて兄弟のあいだでは英語を話すようになりました。小さな子どもは吸収力《きゅうしゅうりょく》があるので、苦労した記憶《きおく》はないですね」

すぐにたくさんの友達ができた。ラグビーも地元のクラブチーム（バーンサイドクラブ）に入った。ここでもラグビーをいっしょにすることで、すぐにみんなと仲良くなった。

バーンサイドクラブは練習が週2回、土曜日が試合だった。7歳《さい》のころ、同じ

クラブにマイケル　リーチという少年が入ってきた。

　2015年のラグビーワールドカップで日本代表キャプテンを務《つと》めることになる、あのリーチ選手だ。彼《かれ》も日本国籍《こくせき》を取得《しゅとく》したので、リーチ　マイケルと名乗るようになった。

「マイケルとは、すぐに仲良くなりました。体は細かったけど、タックルに行くのが大好きでした。マイケルのお父さんは厳《きび》しい人だし、お母さんも優《やさ》しいけど、子育ては厳《きび》しかった。マイケルはたくましく育ったからか、ラグビーのプレーもたくましかったです」

　ニコラスさんは、マイケルさんといっしょに出場した試合で、忘《わす》れられない体験をした。

「12歳《さい》のころだったと思います。僕《ぼく》は9番で出場していました。相手チームの9番がすごく熱い子で、けんかを仕掛《しか》けてくるような子だったんです。試合中、その選手が僕《ぼく》の顔に思い切り顔を近づけてきた。そのとき、マイケルが間に割《わ》って入って助けてくれました。守られている気持ちになって、マイケルとは長い付き合いになると感じたんです」

日本は、小学校6年間、中学校3年間、高校3年間という制度《せいど》だが、ニュージーランドは5年間、2年間、5年間という分け方だ。小学校と中学校が短いので12歳《さい》で高校生になる。

ニコラスさんは、セントビーズ高校に入学した。この学校にはニコラスさんの生まれ故郷《こきょう》である北海道《ほっかいどう》の札幌《さっぽろ》山の手高校との交換留学制度《こうかんりゅうがくせいど》があった。

日本人の留学生《りゅうがくせい》も毎年やってくる。そんなときは、日本語のできるニコラスさんが、彼《かれ》らの友達になり、手助けをした。

ニコラスさんも、日本でいう高校一年生のあいだ、札幌《さっぽろ》山の手高校に留学《りゅうがく》した。当然、ラグビー部にも入部した。

「ニュージーランドに留学《りゅうがく》に来ていた先輩《せんぱい》もいたので、その先輩《せんぱい》たちが僕《ぼく》の面倒《めんどう》をみてくれました。日本語は両親としか話していなかったので、そのころの日本の若者《わかもの》の言葉が分からなくて、ちょっと子どもっぽい話し方をしていたと思います。自分のことを、『ニックはね〜』と話したりして」

札幌《さっぽろ》山の手高校のラグビー部は、いまでは全国高校大会に出場して上位に進出するほど強くなったが、当時はまだこれから強くなろうとするチームだった。高校からラグビーを始める部員も多く、ニコラスさんとほんの数人だけが経験者《けいけんしゃ》だった。それは、子どものころからラグビーをするのが当たり前のニュージーランドで育ったニコラスさんにとっては新鮮《しんせん》な経験《けいけん》だった。

来日して間もないころ、ラグビー部の佐藤幹夫《さとうみきお》監督《かんとく》から話があった。

「留学生《りゅうがくせい》の枠《わく》がもう一人あるのだけど、だれか日本に来たがっている子はいませんか」

ニコラスさんは、リーチを推薦《すいせん》した。

「マイケルの自宅《じたく》には、留学生《りゅうがくせい》がホームステイしていて、日本の高校生とも仲が良かった。だから、推薦《すいせん》しました。そうしたら、日本に来たかったみたいで、いろんな手続きをすぐに終わらせて、1か月後には来日していましたね」

マイケルさんは日本語が話せなかったので来日したころは苦労したようだ。ニ

高校時代のニコラスさんとマイケルさん
トンガ出身で元日本代表のシナリ・ラトゥさんといっしょに

コラスさんが、しっかりサポートしただろうと思ったら、そうでもなかったようだ。

「日本の友達と遊ぶのが本当に楽しかったから、マイケルを手伝った記憶《きおく》があまりないんです。日本人の笑《わら》いのセンスも面白かった。毎日、大笑《おおわら》いしていました。練習の帰り道に、『買い食い』もしましたよ。ニュージーランドでは、学校が朝8時30分に始まって、午後3時に終わるのですが、終わったらみんな家に帰ります。札幌《さっぽろ》山の手では友達と電車で通学していて、朝7時から部活もふくめて夜9時くらいまでいっしょにいました。いっしょにいる時間が長かったから、絆《きずな》も深くなったと思います。楽しい思い出です」

日本の人々は優《やさ》しかった。チームメイトもニコラスさんを受け入れ、ともに苦しい練習に耐《た》えて戦った。マイケルさんのことも、放っておいたわけではなく、必要なときはサポートした。ニコラスさんにとって、とても印象に残るエピソードがある。

「マイケルが練習で怪我《けが》をしたことがあって、通訳《つうやく》をするために付きそいで病院に行きました。マイケルは足を怪我《けが》していて、親指から血が出ていました。それを見たら、僕《ぼく》、失神したんです！」

なんと、ニコラスさんは倒《たお》れてしまった。血を見るのが苦手だったのだ。

「自分が血を見るのが苦手だということに、そのときはじめて気づきました。それ以降《いこう》は、だれかが血を流したときは、ぜったいに見ないようにしています」

日本人の友達をたくさん作ったニコラスさんは、ニュージーランドにもどるのだが、帰るとき、来日時とちがっていたのは体重だった。

「おいしいクリームパンにはまってしまいました。北海道《ほっかいどう》のクリームって濃厚《のうこう》なんですよ。10か月しかいなかったのですが、18キロも太りました。通学路に有名なパン屋さんがあって、僕《ぼく》の家の最寄《もよ》り駅と、高校の最寄《もよ》り駅の両方にお店があった。それで、一日2回クリームパンを食べていました。おばあちゃんの弁当《べんとう》もあったし、日本の食べ物がおいしすぎましたね」

日本とニュージーランドの両方の文化を理解《りかい》するニコラスさんだからなのかもしれないが、どちらの国でもニコラスさんはすぐに友達を作った。そこには、ラグビーという共通言語があったことが大きかった。授業《じゅぎょう》以外でも日本語の勉強をし、日本の高校生の英語の授業《じゅぎょう》を手伝ったりもした。

「両方の文化をいい感じで吸収《きゅうしゅう》できたと思います。お父さんはニュージーランド人なのですが、古い日本人みたいな人です。あいさつをしないとおこられるし、集合時間には必ず10分前に行かなくてはいけない。きちんと返事をすることにも厳《きび》しかったです」

高校一年生のときは、全国高校大会にも出場し、愛媛《えひめ》県の新田《にった》高校に勝って1回戦を突破《とっぱ》。しかし、2回戦で埼玉《さいたま》県の正智深谷《しょうちふかや》高校に敗れる。相手にはトンガ人留学生《りゅうがくせい》がいた。このように、日本の高校ラグビー部には留学生《りゅうがくせい》が多い。そのことを、ニコラスさんはこう思っている。

「マイケルたちが日本代表に入っているように、高校、大学から日本に来て、日本代表になった選手を見ると、同じように日本にやってきた選手たちはうれしいと思います。出身国はさまざまでも、日本ラグビーのシステムの中で育って、世界に通用する選手になっているのですから、それは良いことだと思います」

ニュージーランドは世界最強のラグビー王国だが、その代表チームであるオールブラックスにも、トンガ、サモア、フィジーといった国々出身の選手がいる。それをニュージーランドの人たちはどう思っているのだろう。

「ニュージーランドは移民が多い国なので、ニュージーランド人とは何？　と聞かれても、答えられないほどです。日本はアジアの国なので、その代表にトンガ人やサモア人が入ると、あの人はどこの国の人？　という見方になると思いますが、ニュージーランドは受け入れていますよ」


大人になった今、ニコラスさんが所属《しょぞく》する神戸製鋼《こうべせいこう》コベルコスティーラーズにも、ニュージーランドほか南アフリカ共和国、オーストラリア、トンガなど、たくさんの国から選手が来ている。

その中に、アンドリュー・エリスという選手がいる。オールブラックスでプレーした名選手だ。ニコラスさんは、「彼《かれ》はチームマンです」と表現《ひょうげん》する。チームマンとは、自分のことだけを考えず、チームのために全力をつくす人のことだ。

「チームの練習が終わると、同じポジションのスクラムハーフの選手を集めて、パスを教え、自分が学んだこと、気付いたことを伝えています。その中で同じポジションの選手が成長し、試合に出るようになれば、それが彼《かれ》の喜びなのです」

　ニコラスさんは、エリス選手の姿勢《しせい》を尊敬《そんけい》している。そして、ニコラスさんもできるだけチームのみんなが楽しくプレーできるように行動している。日本語はあまり話せない選手もいるが、その間をつなぐのもニコラスさんの役目だ。

「ラグビーは一人ではできないスポーツです。チームメイトと信頼《しんらい》関係を作っていかないと強いチームは作れません。人種や国籍《こくせき》のちがいは関係ありません。人生も同じですよね。だれも一人では生きていけない。いつかだれかの助けを求めるときが来るし、助けるときも来るでしょう。それは僕《ぼく》がラグビーから学んだことです」

　神戸製鋼《こうべせいこう》のウェイン・スミス総監督《そうかんとく》もニュージーランド人だが、おたがいの信《しん》頼《らい》関係を大切にしている。それも、ただ仲良くするのではなく、チームメイトがまちがったことをしていたら、きちんと指摘《してき》ができる関係を大切にしている。仲間に注意するためには、自分もしっかり行動していなくてはいけない。両方を求

ゲームをコントロールする
スタンドオフとして活躍《かつやく》している

めているのだ。

ニコラスさんも、その考え方が好きだ。

「小学生だったら、いっしょにやろう、という言い方がいいと思います。もし、宿題をやってない子がいたら、じゃあ、いっしょに宿題をやろう、と」

ニコラスさんは、ラグビーでミスをしたとき、自分に厳《きび》しい。反省するし、くやしくなる。そんなときは、エリス選手が優《やさ》しくアドバイスしてくれるそうだ。

「先生からしかられたときに、仲間ははげますようにする。ニュージーランドはそういう文化です。人を責《せ》めることはありません。日本では、『お前、ちゃんとやれ！』という言い方をする人もいますが、ニュージーランドでは絶対《ぜったい》にしない言い方です」

ダメなことをした仲間には、優《やさ》しく、わかりやすく指摘《してき》することが大切だということだ。そして、信頼感《しんらいかん》を深めるためには、仲間を守る、という考え方も必要だ。

ニュージーランドにも、日本と同じく、人を助ければ、いつか自分も助けられるという考え方がある。

「僕《ぼく》の母は日本人で、ニュージーランドに移住したときは苦労していました。それを見ていたから、セントビーズ高校に韓国人《かんこくじん》や日本人の留学生《りゅうがくせい》が来たときには、できるだけ助けるようにしていました。そうしたら、15年ぶりくらいに、韓《かん》国《こく》の友達がインターネットで僕《ぼく》を見つけてくれて、『あのときはありがとう』って、メッセージが届《とど》きました。人に優《やさ》しくすることを、かっこ悪いと思ってほしくないですね。助けるのも、助けを求めるのも、かっこ悪くない。人を助けるのは、かっこいいことです」

ニコラスさんは、高校卒業後、再《ふたた》び来日して拓殖《たくしょく》大学でラグビーを続け、パナソニック ワイルドナイツ、神戸製鋼《こうべせいこう》とチームを変えながらラグビーを続けている。そして、将来《しょうらい》はラグビーのコーチになろうと思っている。

「日本で成功している外国人のコーチは、日本文化や日本人のことをよく理解《りかい》している人です。僕《ぼく》もそうなりたい。そして、そこにいる選手の能力《のうりょく》を生かすコーチになりたいです」

ニコラスさんは、これからも信じあえる仲間を増《ふ》やしながら、人生を歩んでいく。

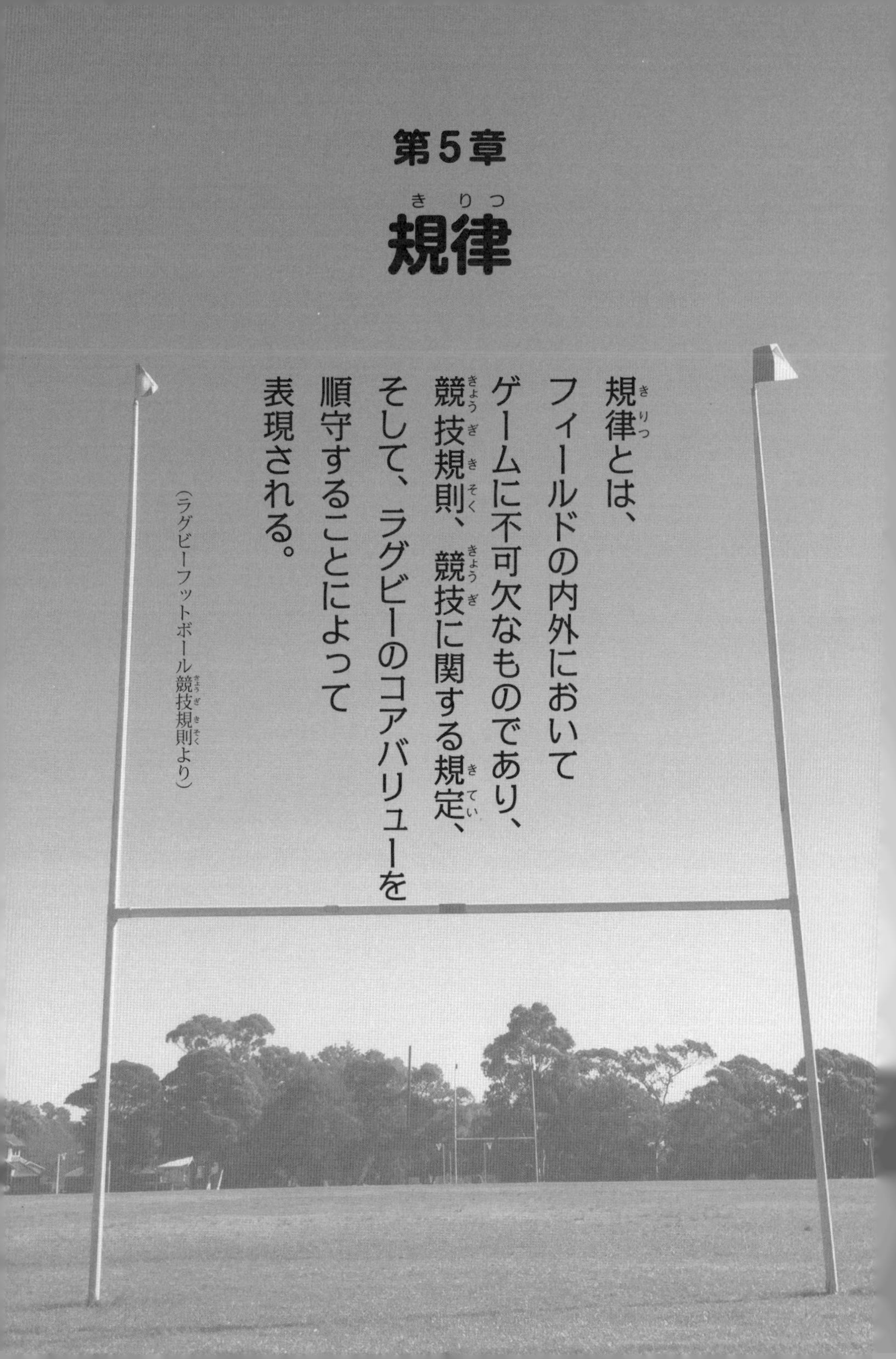

第5章

規律《きりつ》

規律《きりつ》とは、
フィールドの内外において
ゲームに不可欠なものであり、
競技規則《きょうぎきそく》、競技《きょうぎ》に関する規定《きてい》、
そして、ラグビーのコアバリューを
順守することによって
表現される。

（ラグビーフットボール競技規則《きょうぎきそく》より）

規律《きりつ》という言葉は、「規則《きそく》」、「決まり」より意味が広い。みんなで作った約束を守り、自分で決めたことをやり通すという意味で使われている。

この章で紹介《しょうかい》する湯浅大智《ゆあさだいち》さんは、大阪《おおさか》の東海《とうかい》大学付属《ふぞく》大阪《おおさか》仰星《ぎょうせい》高校の体育の先生で、ラグビー部の監督《かんとく》だ。

仰星《ぎょうせい》高校は、2017年度の全国高等学校ラグビーフットボール大会で5回目の優勝《ゆうしょう》を誇《ほこ》るラグビーの名門校。

湯浅《ゆあさ》さんもこの学校の卒業生で、選手、コーチ、監督《かんとく》として過去《かこ》5回の優勝《ゆうしょう》にすべて関わっている。湯浅《ゆあさ》さんは、チームの「規律《きりつ》」をとても大切にする指導者《しどうしゃ》だ。

湯浅《ゆあさ》さんは、1981年、大阪市《おおさかし》東住吉区《ひがしすみよしく》で生まれた。

7歳《さい》上の兄の恵介《けいすけ》さんが高校のラグビー部に入ったころから、ラグビーを知る。お父さんはスポーツ観戦が好きだったから、いっしょにテレビでラグビーを見るようになった。

中学は地元の大阪市《おおさかし》立中野《なかの》中学校に入った。バスケットボールが強い学校で、

第5章　規律　きりつ

バスケットボール部に入る友達が多かった。

「僕《ぼく》もさそわれたのですが、兄がラグビーをしているところを見て、かっこいいと思っていたので、ラグビー部にしました」

ラグビー部の監督《かんとく》は鳥山修司《とりやましゅうじ》先生。中野《なかの》中学のラグビー部は、当時、大阪《おおさか》でトップレベルの実力があった。

湯浅《ゆあさ》さんは小学校のころはバスケットが大好きだった。でも、あまり器用なほうではなかった。ラグビーを始めてみると、自分に合っていると感じた。

「体をぶつけあうことに魅力《みりょく》を感じました。ラグビーをやり始めて思ったのは、ラグビーはいろんな動きがあるということです。手でパスしてもいいし、足でキックしてもいい。相手にぶつかっていくこともできるし、相手を止めるためのタックルもある。僕《ぼく》は足がおそかったのですが、ボールを持ったまま一生懸命《けんめい》走り、タックルすることはできた。自分がかがやける場所があった。それが楽しかったです」

中学2年生のときの湯浅《ゆあさ》さんの体格《たいかく》は、身長160センチ、体重55キロ。ラグビー選手の中では、大きいほうではない。

中学2年生の春、鳥山《とりやま》先生は「タックルができる人を試合に出す」とラグビー部のみんなに言った。

湯浅《ゆあさ》さんは、がんばってタックルした。

「不器用でも、一生懸命《けんめい》やったら認《みと》められる。それがうれしかったです」

練習では人一倍努力し、2年生、3年生のときには大阪《おおさか》中学校選抜《せんばつ》に2年連続で選ばれた。

選抜《せんばつ》チームだから、いろんな中学の生徒がやってくる。これまで知らなかった中学生同士で交流するのは、とても楽しかった。

いろんな中学の選手たちと友達になれたことで、さらにラグビーが好きになった。多くの選手とはその後もいろんな場所で出会い、思い出話をすることができる。

中学を卒業すると、湯浅《ゆあさ》さんは、東海大仰星《とうかいだいぎょうせい》高校に進学した。

この高校に好感をもっていたからだ。仰星《ぎょうせい》高校は、近所の中学生たちを集めて、よく合同練習会を行っていた。

湯浅《ゆあさ》さんもその練習会に参加したことがあった。そこでは高校生たちが分かりやすくラグビーを教えてくれた。

「先輩《せんぱい》たちが、自分たちで考えて動いているのが素晴《すば》らしいと思ったんです。こんなチームでやってみたい。こんなふうにラグビーに取り組んでみたいと思いました」

仰星《ぎょうせい》のラグビー部はイメージした通りのところだった。

土井崇司監督《どいたかしかんとく》は、湯浅《ゆあさ》さんたち1年生にこう言った。

「お前たちは、ぜったい日本一になる！」

そのときの仰星《ぎょうせい》高校は、大阪《おおさか》の強豪《きょうごう》高校に40点差で負けるくらいの実力。だから、日本一になるという目標は現実的《げんじつてき》ではなかった。でも、土井監督《どいかんとく》は宣言《せんげん》した。

「きっと、強い高校に対するコンプレックスを取りのぞこうとしていたのだと思います」

土井監督《どいかんとく》は本気だった。必ず、この生徒たちを日本一にする。それだけ才能《さいのう》がある選手だと思っていたのだ。

日本一を目指す、土井監督《どいかんとく》の指導《しどう》は細かかった。ラグビーというスポーツがどういう理論《りろん》で成り立っているのか、ボールをどうやって運べば得点につながるのか、細かく教えてくれた。

1年生のころは、土井監督《どいかんとく》からじっくりとラグビーを教えてもらった。

2年生になると、選手同士でのミーティングが多くなった。土井監督《どいかんとく》は話を聞いているだけで、選手自身がラグビーをよく考えるようにしたのだ。

3年生になると、湯浅《ゆあさ》さんはキャプテンに指名された。そして、選手同士でのミーティングはさらに細かくなっていく。

「試合の進め方を自分たちで考えました。たとえば、対戦する相手がどんなチームなのか、相手の中心選手がどんな動きをしているかを頭に入れます。そして、その相手に前半で2トライ、後半で2トライするゲームを想像《そうぞう》してみるのです」

部員みんなが教室に集まり、試合をイメージする。中央からボールをけって試合を始めるキックオフで、相手がけってくる位置をいくつか想像《そうぞう》して、その場合のこちらの動きを考える。キックオフだけでも、たくさんのパターンが考えられるので、みんなからいろんな意見が出た。

キックオフというひとつの話題についてだけで30分も話すこともあった。いろんな意見が出てくると、それをまとめようとする選手がいる。それぞれが役割《やくわり》を果たして、試合をイメージした。

試合になって相手の動きを初めて見るとあせってしまう。けれど、一度頭の中で対戦しておけば、このプレーは知っている、このプレーはこうやって止めれば良いと、あせらずに動けるようになる。

試合の進め方を、あらかじめ考えておけば、何が成功で何が失敗だったかもはっきり分かる。こうして、仰星《ぎょうせい》高校はどんどん強くなっていった。

実は、中野《なかの》中学の鳥山監督《とりやまかんとく》も、同じような指導《しどう》をする人だった。そして、鳥山《とりやま》監督《かんとく》、土井監督《どいかんとく》に共通するのは、ゲームの進め方を細かく教えるだけではなく、それをしっかりと実現《じつげん》できる人間を育てることだった。

人を育てることが、ラグビーの強さにもつながるという考え方だ。

「ここが大事なところです。自分勝手に動く選手がいると、みんなで考えた作戦ができません。一人一人が責任《せきにん》をもって役割《やくわり》を果たす。それが規律《きりつ》を守るということです。そして試合に勝つ。これをくり返すことで、責任《せきにん》をもって行動できる人が多いと試合に勝つことが分かるようになりました」

こうした指導《しどう》をしてくれる先生に出会えたことが、湯浅《ゆあさ》さんの今に役立っている。

湯浅《ゆあさ》さんが高校3年生の冬、仰星《ぎょうせい》高校は大阪《おおさか》の代表として全国高校大会に出場した。

全国大会が行われる東大阪《ひがしおおさか》市の花園《はなぞの》ラグビー場は、高校ラグビーの聖地《せいち》として知られている。高校野球が「甲子園《こうしえん》」なら、高校ラグビーは「花園《はなぞの》」。全国の高校ラグビー選手があこがれる場所だ。

湯浅《ゆあさ》さんはキャプテンとして先頭に立ってチームを引っ張《ぱ》った。そして、次々に試合に勝ち、決勝戦に進む。

2000年1月7日、決勝戦の相手は、埼玉《さいたま》県代表の埼玉工業《さいたまこうぎょう》大学深谷《ふかや》高校（現・正智深谷《しょうちふかや》高校）だった。

この高校には、コリニアシ・ホラニ、マナセ・フォラウという2人のトンガ人留学生《りゅうがくせい》がいた。南太平洋にうかぶ島国のトンガ王国は、人口が約10万人の小さな国だ。しかし、筋肉質《きんにくしつ》で運動神経《しんけい》の良い人が多く、ラグビーやアメリカンフットボールなど海外で活躍《かつやく》しているスポーツ選手が多い。日本にも、トンガ出身のラグビー選手がたくさん住んでいる。

埼工大深谷《さいこうだいふかや》高校の2人も一生懸命《けんめい》ラグビーに取り組んでいた。2人は体が強く、タックルしてもなかなか倒《たお》れない。彼《かれ》らをどう止めるか。それは仰星《ぎょうせい》が勝つために大切なことだった。

試合が始まると、仰星《ぎょうせい》の選手たちはだれ一人ひるむことなく、タックルし、マナセやコリニアシを倒《たお》した。一人目は足をつかみ、2人目がボールを奪《うば》いに行く。グラウンドで練習し、ミーティングでイメージした通りのプレーを、仲

全国大会の決勝戦。ボールを持っている
のがマナセ。左はしが湯浅《ゆあさ》さん

間を信じてやり切った。

前半終了間際《しゅうりょうまぎわ》には、相手からみんなで奪《うば》ったボールを1年生ウイング正面健司《しょうめんけんじ》が持ち、70メートルをひとりで走りきってトライを決める。規律《きりつ》を守ったからこそ生まれたトライだった。

最終スコアは、31対7。仰星《ぎょうせい》の快勝《かいしょう》だった。試合後、敗れたマナセは仰星《ぎょうせい》についてこう言った。

「15人が上手《うま》かったです。負けたことより、すごい選手たちと友達になれたことがうれしいです」

湯浅《ゆあさ》さんは、このマナセの言葉に感動した。最高の誉《ほ》め言葉だと思ったし、負けても相手をたたえることができるマナセのことを尊敬《そんけい》した。

バックスタンドには、大勢《おおぜい》の友達が応援《おうえん》に来てくれていた。湯浅《ゆあさ》さんは、チームメイトといっしょにその応援団《おうえんだん》のもとに走った。

そのとき、忘《わす》れられない光景を見た。スタンドの中に、中学と高校時代の友達を見つけたのだ。

「一人は中学の同級生でした。その友達はラグビー部ではありませんでした。そしてもう一人は、高校の同級生。それぞれが僕《ぼく》とは友達だけど、2人は、その日、花園《はなぞの》ラグビー場で初めて会ったのです。その2人が肩《かた》を組んでいっしょになって喜んでくれていました。こんなに素晴《すば》らしいことはないと、感動しました」

スポーツが人に感動を与《あた》えるということ、初めて会った人も友達にしてしまうことを、実感できたのだ。

土井監督《どいかんとく》が1年生のときにかけてくれた言葉を実現《じつげん》するため、一生懸命《けんめい》努力した3年間だった。最後に目標にたどりつき、最高にうれしかった。その友達の姿《すがた》を見たとき、喜びは何倍にもなった。

そして、この景色を後輩《こうはい》たちにも見てもらいたいと心から思ったのだ。

大学は、ラグビーのコーチになる勉強をするため、東海《とうかい》大学の体育学部に進学した。

ただ、初めは学校の先生になろうという気持ちはそれほど強くなかった。考えが変わったのは、大学4年生のときの教育実習だった。

教育実習とは、学校の先生になるために、学校で教える経験《けいけん》を積むものだ。湯《ゆ》浅《あさ》さんは、母校である仰星《ぎょうせい》高校へ実習に行った。

「部活、学校生活に情熱《じょうねつ》をもって取り組んでいる高校生がたくさんいました。自分の下の世代にこんなにも熱い子たちがいるのだと感動しました。それで教師《きょうし》になりたくなったのです。僕《ぼく》が情熱《じょうねつ》をもって接《せっ》したら、もっともっと熱い子どもたちがでてくるのではないか、彼《かれ》らといっしょに素晴《すば》らしい時間が送れるのではないかと思ったのです」

土井監督《どいかんとく》にも「もどってきたら、どうだ?」と声をかけてもらった。湯浅《ゆあさ》さんは、大学卒業後、教師《きょうし》として仰星《ぎょうせい》高校にもどってくることになった。

ラグビー部のコーチになり、情熱《じょうねつ》をもって生徒に接《せっ》した。練習中は生徒といっしょに走り、声をからして指導《しどう》した。

ラグビー部を辞《や》めようとする生徒がいれば、「続けていれば、かならず良いことがある」と説得した。ときには家庭訪問《ほうもん》し、言葉をかけた。その言葉でラグビーを続け、充実《じゅうじつ》した生活を送る生徒もいた。

しかし、ときにはその情熱《じょうねつ》が理解《りかい》されないこともあった。

「ほおっておいてください」

「先生、もうしんどいです」

生徒のためになると思って言ったことが、迷惑《めいわく》なこともあるのだということを知った。

それからは、ラグビーを辞《や》めたいという生徒がいれば、なぜ辞《や》めたいのか、話をしっかり聞くようになった。情熱《じょうねつ》で押《お》し切るばかりではない指導法《しどうほう》になっていったのだ。

湯浅《ゆあさ》さんが、大切にしているのが、ラグビーと、ふだんの生活をつなぐことだ。どちらも規律《きりつ》正しく行動することを大切にしている。

「クラブは課外活動ですから、本来は授業《じゅぎょう》などの学校生活のことをしっかりした上で、クラブに取り組まなくてはいけないのです」

クラブがやりたいから、勉強をおろそかにし、学校生活をしっかり送らないことは良くないこと。湯浅《ゆあさ》さんは、勉強がクラブに生きると考えている。

「勉強することで、さまざまな物の見方を学び、言葉の数を増《ふ》やすことができます。それが、仲間にどんな声をかければ良いか、どんな接《せっ》し方をすれば良いのかを考えることに役立ちます。たとえば、理科の実験は、予想をして、実験し、確《かく》認《にん》します。これはスポーツの練習でも同じことです」

答えを導《みちび》く力を、クラブでは体を動かしながら自然に身に着けている。

「クラブと勉強がつながっていることを理解《りかい》することが大切です。理解《りかい》できれば、勉強への取り組みも変わってくると思います」

チームスポーツは、選手たちがおたがいに協力し、助け合うチームワークが発《はっ》揮《き》されなくては勝つことができない。チームワークとは、みんなで決めた約束を守り、練習したとおりに仲間を信じて、助け合ってプレーすることだ。

それが「規律《きりつ》」なのだ。規律《きりつ》を守れる人がいてこそチームワークは発揮《はっき》される。

「規律《きりつ》とは、ルールを守るということではなく、人間力を高めることだと思います。人間力の中には、目配り、気配り、心配り、思いやり、素直《すなお》さ、謙虚《けんきょ》さ、ひたむきさなどがふくまれると思います」

教え子から学んだことがある。ラグビー部の活動が上手《うま》くいかずになやみ、学校に来なくなった生徒がいた。

湯浅《ゆあさ》さんが家に行ってみると、壁《かべ》に大きな穴《あな》が開いていた。イライラしてしまって、自分ではどうしたら良いのか分からなくなってしまっていたのだ。

しかし、そのときのチームのキャプテンは、湯浅監督《ゆあさかんとく》の知らないところで、毎日、メッセージを送っていた。

「いっしょにやろうぜ、お前とラグビーがやりたいねん」

なやんでいた選手は、毎日、送られてくる言葉に救《すく》われて、チームにもどってきた。そして、その年の全国大会の決勝戦に出場した。

準優勝《じゅんゆうしょう》に終わったが、湯浅《ゆあさ》さんにとってはその生徒が活躍《かつやく》してくれたことは何よりうれしいことだった。

「たった一人でも、いっしょにやろうって言ってくれたら、この人のためにもどろうと思えるものなのですよね」

これも人間力の一つだ。キャプテンは思いやりの心を持っていたのだ。

仰星《ぎょうせい》のラグビー部が毎日取り組んでいることがある。授業《じゅぎょう》が始まる前の「ゴミ拾い」だ。これは生徒たちが自主的に始めた。

始めたのは約10年前のことだ。それは、ラグビー部の生徒が家庭科の授業《じゅぎょう》中に怪我《けが》をしたのがきっかけだった。湯浅《ゆあさ》さんが怪我《けが》の理由を聞いてみると、「床《ゆか》が滑《すべ》りやすくてこけました。危《あぶ》なかったです」と言う。ところが実は、その生徒は友達とふざけていて転んで怪我《けが》をしたのだった。

生徒がうそをついていたことが分かり、湯浅《ゆあさ》さんは、その生徒をしかった。

「うそをついたということは、自分が悪かったとわかっていたということだな。うそをつくような人間は練習に出てこなくていい」

季節は秋になっていて、「花園《はなぞの》」に向かって、チーム作りも最後の仕上げに入っていくところだった。同学年の3年生たちは、彼《かれ》を試合に出すためにどうすべきかを考えた。その結論《けつろん》が毎朝のゴミ拾いだったのだ。

「家庭科の先生はじめ、いろんな人に迷惑《めいわく》をかけた。ふざけていたところを見ていた友達にも、だまっていたほうが良いという気を使わせてしまった。だから、みんなが、気持ちよく過《す》ごせるように、掃除《そうじ》をしようと考えたようです。彼《かれ》らが決めたことなので、僕《ぼく》は何も言いませんでした」

最初は目に見えるゴミを拾っていたが、そのうちに、草むらの中まで探《さが》してゴミを拾うようになっていく。

「ただ拾うのではなく、ゴミを探《さが》すようになっていきました。ゴミ拾いからゴミ探《さが》しになっていったのです。生徒たちは悪いことをしたと思ったところから、いろんなものに気づくということを学んだのです」

ゴミ拾いは習慣《しゅうかん》になり、次の年は新3年生がゴミ拾いを始めた。

しかし、湯浅《ゆあさ》さんは言った。

「3年生がやっていたから、俺《おれ》たちもやろう、というのならやめなさい」

もちろん生徒たちはやめなかった。その意味を考え、一年間をかけて、ゴミ拾いの意味を理解《りかい》し、ゴミを探《さが》すようになった。

これが定着し、3年生は毎朝ゴミ探《さが》し。ラグビー部の遠征《えんせい》などでは、下級生もゴミを拾うようになる。

湯浅《ゆあさ》さんは、ゴミ探《さが》しが、ラグビーの試合に生きると思っている。

「実はゴミを探《さが》すことが、ラグビーではグラウンドのすみずみに目を向けることにつながるのです」

いつも周囲を見わたしていると、グラウンドの中でも、ディフェンスのいないスペースを探《さが》し、それをチームメイトに伝え、みんなでそこを攻《せ》めることにつながる。また、戦術《せんじゅつ》だけではなく、調子の悪い選手や、焦《あせ》っている選手の表情《ひょうじょう》に気付き、声をかけるような思いやりにもつながるのだ。

2013年度、湯浅《ゆあさ》さんはラグビー部の監督《かんとく》になった。土井監督《どいかんとく》は総監督《そうかんとく》になり、一歩引いた立場になった。

チームは3度目の全国制覇《せいは》を目指していた。1回目と2回目の優勝《ゆうしょう》も立派《りっぱ》な戦いだったが、3回目に目指したのは、強いだけではなく、「だれからも愛されるチームになって優勝《ゆうしょう》しよう」ということだった。

「優勝《ゆうしょう》すれば、みなさんから良かったねと言われる。負けたら、どうしてあんなに良いチームが負けるのかとくやんでもらえる。そんなチームを目指したのです」

キャプテンはばつぐんのリーダーシップをもつ野中翔平《のなかしょうへい》だった。

湯浅《ゆあさ》さんがキャプテンのころから始まった試合をイメージするミーティングの内容も濃《こ》くなった。練習に取り組む意識《いしき》も高くなり、食事や睡眠《すいみん》時間にも気をつかって、しっかりとした体を作った。学校生活も規律《きりつ》正しく送ることができた。

大阪《おおさか》の予選を勝ちぬいて「花園《はなぞの》」出場を決めたが、野中キャプテンがひざの怪《け》我《が》を抱《かか》えていたため、キャプテンぬきで2試合を戦った。キャプテンに頼《たよ》らずに2勝できたことで、チームはさらに成長した。

準々決勝《じゅんじゅんけっしょう》で報徳《ほうとく》学園、準決勝《じゅんけっしょう》で東福岡《ひがしふくおか》というライバル校に勝ち、ねらい通り、1月7日の決勝戦に進出した。

第5章　規律　きりつ

決勝戦の朝、ちょっとしたハプニングがあった。花園《はなぞの》ラグビー場の最寄《もよ》り駅は近鉄《きんてつ》電車の東花園《ひがしはなぞの》駅だ。ところが、この日の朝は近鉄《きんてつ》電車で事故《じこ》があり、東花園《ひがしはなぞの》行きの電車が動いていなかった。

そこでとちゅうまでＪＲに乗り、最後に花園《はなぞの》からは少し遠い場所にある吉田《よしだ》駅から花園《はなぞの》に向かうことになった。

多くの選手は初めて通る道だった。道をよく知っている土井《どい》総監督《そうかんとく》が先頭を歩いたのだが、すぐにみんなとの距離《きょり》が開いた。選手たちが、ゴミ拾いを始めたからだ。それは、いつも通りの風景だった。

何名かの選手がポケットにビニール袋《ぶくろ》を準備《じゅんび》していた。

「このチームは強いな」

湯浅《ゆあさ》監督《かんとく》は決勝戦への手ごたえをつかんだ。

これから決勝戦がはじまるのに、みんな自然にゴミを拾っていた。思いやりをもった選手が集まったチームは強いのだ。

決勝戦の相手である桐蔭《とういん》学園（神奈川《かながわ》県代表）は攻撃力《こうげきりょく》のあるチームだ。普通《ふつう》に戦っては勝てない。相手の動きを頭に入れて、イメージした通りに動くことで、桐蔭学園《とういん》にプレッシャーをかけることができた。

それまでの試合では、仰星《ぎょうせい》は相手1人に対して、2人でタックルするようにしていた。それを、決勝戦では3人にした。同じ人数で戦っているのだから、3人でタックルすれば、他の場所で人数が足りなくなる。

それでも、他の場所を守る仲間を信じてタックルし、すぐに次の場所に走ることをくり返した。動き続け、助け合い、勇気をもってタックルを続けた。

それは、ふだんの生活を規律《きりつ》正しくすごし、友達や後輩《こうはい》のことを思いやり、行動してきた成果だった。

野中《のなか》キャプテンは決勝戦の前、こんなことを言っていた。

「勝つべきだ、とまわりから思われるチームにならなければいけないと思っているし、実際《じっさい》にそうなっていると思います」

監督《かんとく》と選手たちの気持ちはひとつになっていた。そして、大接戦《だいせっせん》の末、19対14で勝利。仰星《ぎょうせい》高校は3度目の優勝《ゆうしょう》を決めた。

2017年度の全国大会で5回目の優勝《ゆうしょう》をかざった選手たちを祝福する湯浅さん
撮影／井田新輔

グラウンドと学校生活がつながっていることを理解《りかい》したからこその優勝《ゆうしょう》だった。

湯浅《ゆあさ》さんは、常《つね》に「勝利に値《あたい》するチーム、人」を作ることを目標にしている。

「ひたむきに、謙虚《けんきょ》に、一生懸命《けんめい》練習する。ラグビーを知らない人にも、素敵《すてき》な人だと思ってもらえるような人、それが勝利に値《あたい》する人ではないかと思います。全国優勝《ゆうしょう》だけが目的ではありません。目配り、気配り、心配りができる人、世界の平和や社会に貢献《こうけん》する人を育成したいと思っています」

規律《きりつ》とは、思いやり。湯浅《ゆあさ》さんは、これからも選手といっしょになって走り、なやみ、成長しようと思っている。

第6章
尊重《そんちょう》

チームメイト、相手、
マッチオフィシャル、
そして、
ゲームに参加する人を
尊重《そんちょう》することは、
最《もっと》も重要である。

（ラグビーフットボール競技規則《きょうぎきそく》より）

「尊重《そんちょう》」という言葉は難《むずか》しく聞こえるが、簡単《かんたん》に言えば、人を大切にするということだ。

ラグビーでいえば、チームメイト、相手チームの選手、レフリー団《だん》（ラグビーではマッチオフィシャルと呼《よ》ぶ）など、ラグビーの試合に参加する人それぞれの立場を大切に考える、ということだ。

ラグビーには、さまざまな体格《たいかく》、性格《せいかく》の人にぴったりのポジションがある。背の高い人、低い人、体重が重い人、軽い人、力の強い人、手先の器用な人、みんなをぐいぐい引っ張《ぱ》っていくリーダータイプの人、リーダーを支《ささ》えるのが得意な人、もくもくと自分の役目をこなす人、だれにだって自分の力を発揮《はっき》できるポジションがある。それぞれが得意なものを尊重《そんちょう》し、ゲームを楽しむ。それを、ラグビーはとても大切にしている。

これから紹介《しょうかい》する吉田晃己《よしだこうき》くんは、日本で一番大きなラグビー少年団《だん》「世田谷《せたがや》区ラグビースクール」に所属《しょぞく》する中学生だ。

晃己《こうき》くんは小学6年生のとき、このチームのキャプテンになり、とても大切なことを学んだ。

彼《かれ》は、お父さんの仕事の関係で、1歳《さい》から小学1年生まで、中国の北京《ペキン》に住んでいた。

お父さんは大学までラグビーをしていた。北京《ペキン》でもラグビーがしたくて、仕事で北京《ペキン》に駐在《ちゅうざい》している人たちが作った「北京原人《ペキンげんじん》」というラグビーチームに入った。晃己《こうき》くんや、2歳《さい》上の兄の勇仁《ゆうじん》くんは、お母さんといっしょによくグラウンドに遊びに行った。たくさんの子どもたちが集まっていたので、お父さんたちがタグラグビーを教えはじめた。タグラグビーは、タックルの代わりに、腰《こし》につけた紐《ひも》（タグ）を取るラグビーだ。晃己《こうき》くんは、タグラグビーが大好きになった。歩数制限《せいげん》なくボールを持って自由に走ることが楽しかったのだ。

小学1年生のころ、家族で日本に帰ることになり、東京《とうきょう》都世田谷《せたがや》区の小学校に通い始めた。晃己《こうき》くんは思った。

「タグラグビーは楽しい。でも、ほんとうのラグビーもやってみたい」

お父さんが、自宅《じたく》近くのグラウンドで練習していた世田谷《せたがや》区ラグビースクールのことを教えてくれた。そして、晃己《こうき》くんは、お兄さんと、このスクールに通い始めた。

練習は毎週日曜日。大きな大会の前には土曜日も練習した。部員は同学年に約50名いた。自分から進んで始めたラグビーだったけれど、最初は怖《こわ》かった。

「タグラグビーは、タックルをしないので、そこがちがいました。ぶつかるのが怖《こわ》くなくなったのは、小学4年生くらいからです」

コーチから、はじめに教えられたのは、タックルはしっかり顔を上げて入ることと、パスは仲間のほうをしっかり見て投げることなど、基本的《きほんてき》なことだった。

スクールのコーチやチームメイトだけではなく、相手チームのコーチや選手へのあいさつもしっかりと指導《しどう》された。

晃己《こうき》くんのポジションは、主にスタンドオフとウイング。スタンドオフは、パスやキックが上手《うま》い人がする、どんな攻撃《こうげき》をしていくかを考え、みんなをリードするポジション。ウイングは、足が速い人がなって、トライをすることが多いポジションだ。あこがれの選手は、立川理道《たてかわはるみち》選手。2015年のラグビーワールドカップでも活躍《かつやく》した日本代表選手だ。

「タックルやパスが上手《うま》いし、カットイン（ステップ）のスピードにもあこがれていました」

晃己《こうき》くんが、小学4年生のとき、世田谷《せたがや》区ラグビースクールは、小学生（5、6年生）の全国大会である「ヒーローズカップ」に初めて出場した。

全国各地で行われた予選を勝ちぬいたチームが、最後は東大阪《ひがしおおさか》市の花園《はなぞの》ラグビー場に集《つど》い、決勝戦を行った。ここで、世田谷《せたがや》区ラグビースクールは初出場で初優勝《はつゆうしょう》をかざった。お兄さんの勇仁《ゆうじん》くんも活躍《かつやく》した。

まだ4年生で試合には出られなかったけれど花園《はなぞの》ラグビー場まで応援《おうえん》に行っていた晃己《こうき》くんは、それを見て感動し、「よし、僕《ぼく》も優勝《ゆうしょう》する」と思った。全国制《せい》覇《は》という大きな目標ができたのだ。

5年生になると、晃己《こうき》くんは6年生たちに交じって、ヒーローズカップに出場するメンバーに選ばれた。そして、決勝トーナメントまで勝ち進んだものの、準《じゅん》決勝《けっしょう》で東大阪《ひがしおおさか》ラグビースクールに負けてしまう。優勝《ゆうしょう》したのは、横浜《よこはま》ラグビースクールだった。

6年生になると、晃己《こうき》くんはキャプテンに選ばれた。自分がなぜキャプテンなのか、もっとふさわしい人がいるのではないか。そう思ったが、小林久峰《こばやしひさみね》ヘッドコーチは、晃己《こうき》くんにもっと成長してほしかったそうだ。

「ラグビーが上手《うま》い子はたくさんいました。でも晃己《こうき》が、一番まわりの仲間のことをよく見て、こうすべきだということを自分の行動で示《しめ》していました。ただし、もくもくとやるタイプだったので、もう少し話すようになってほしいなと思って、期待もこめてキャプテンにしたのです」

期待に応《こた》えて、晃己《こうき》くんは、チームをまとめるため、みんなの前でしっかり話ができるようになっていった。

キャプテンとして初めての大会は、7月、長野《ながの》県の菅平《すがだいら》高原で行われた、「ラグビーマガジンカップ　関東《かんとう》ミニ・ラグビー交流大会」だった。

ここでは、東京の江東《こうとう》ラグビークラブと5対5の引き分け。くやしい結果だった。

「仲間同士のコミュニケーションが足りなかったと思います」

晃己《こうき》くんはそう思い、この大会からは、それまで以上に一生懸命《けんめい》練習に取り組むようになった。

世田谷区《せたがや》ラグビースクールは、練習でみんなが集まっていても、やる気がなく、勝手に遊んでいるようなときは、コーチもだまって見ている。自分たちで気付くのを待つのだ。

この年の秋、晃己《こうき》くんが、コーチに言われる前にみんなを集めて練習を始めたことがあった。そしてそれからは、練習は子どもたちが自主的に始めるようになった。

そして、いよいよ、ヒーローズカップへの挑戦《ちょうせん》が始まった。２０１７年12月17日、神奈川《かながわ》県川崎《かわさき》市の等々力《とどろき》陸上競技場《きょうぎじょう》で、関東《かんとう》大会の予選リーグであるファーストステージが開催《かいさい》された。

ファーストステージでは3チームか4チームごとにひとつのブロックをつくり試合をする。そして、ブロックで1位になったチームだけが、関東大会セカンドステージに進むことになっていた。世田谷《せたがや》区ラグビースクールと同じブロックには、夏に引き分けている江東《こうとう》ラグビークラブがいた。

今度こそ、という気持ちでいどんだが、またしても、10対10と引き分けに終わる。

「勝つことができなくて、ものすごくくやしかったです」

少年ラグビーでは、延長戦《えんちょうせん》はしない。そのためセカンドステージに進めるかどうかは抽選《ちゅうせん》で決められることになっていた。両チームのキャプテンが、2つの封筒《ふうとう》から、どちらかを選び、中に「出場権《しゅつじょうけん》あり」と書かれた紙が入っていれば、セカンドステージに進むことができる。

どちらが先に選ぶかを決めるジャンケンは晃己《こうき》くんが負けた。江東ラグビークラブの山口匠人《やまぐちたくと》キャプテンが選んだあと、封筒《ふうとう》を取る。

中を見ると、「出場権《しゅつじょうけん》あり」の文字が読めた。「やった!」。でも、晃己《こうき》くんはうれしさを表情《ひょうじょう》に出さなかった。江東《こうとう》ラグビークラブの選手たちもがんばって練習してきたはずだ。なんとも言えない気持ちになった。

そして、相手チームのことを思って、どうしても言葉をかけたくなった。その場にいた運営《うんえい》スタッフに、「ひとこと言わせてください」とお願いした。

「抽選《ちゅうせん》でこういう結果になりましたが、江東《こうとう》さんの分までがんばって、ぜったいに優勝《ゆうしょう》します」

江東《こうとう》の山口《やまぐち》キャプテンも、

「僕《ぼく》らの分もがんばって、全国で戦ってください」

と言葉を返した。

2人のキャプテンは抱《だ》き合った。2人も、そこにいた運営《うんえい》スタッフの大人の人たちも泣いていた。そして2人で同時に部屋を出た。

「僕《ぼく》は部屋の外で待っていました」

小林《こばやし》ヘッドコーチが、そのときのことを説明してくれた。

「2人は泣きながら出てきました。そして、何も言わずに、チームメイトが待つ

試合のあとの晃己《こうき》くん

グラウンドに歩いていきました。そのときは、どちらがセカンドステージに進めるのか分かりませんでした」

小林《こばやし》ヘッドコーチは、グラウンドで円陣《えんじん》を組む選手たちに、どんな結果になってもさわがないようにと話していた。

その年のセカンドステージは、埼玉県《さいたま》にある熊谷《くまがや》スポーツ文化公園ラグビー場で行われることになっていた。

晃己《こうき》くんが口を開いた。

「熊谷《くまがや》に行けます」

試合は引き分け。だから、熊谷《くまがや》に行けるという事実だけを告げたのだ。それを聞いたチームメイトは、大きな声を出さず、静かに涙《なみだ》を流した。近くにいた江東《こうとう》ラグビークラブのメンバーの気持ちを大切に考えたのだろう。相手の気持ちを尊《そん》重《ちょう》する態度《たいど》を見て、小林《こばやし》ヘッドコーチは感動したという。

そして、ヘッドコーチは、スタンドの応援団《おうえんだん》に「行ける」という合図を送った。選手の家族や、試合に出られなかったチームメイトも、はしゃがず、静かに喜びをかみしめていた。

スタンドに上がってきた晃己《こうき》くんは、多くの人から、「良くやったね」と声をかけられた。

「そこで、はじめてほっとしました」

江東《こうとう》ラグビークラブの高学年チーフコーチである高矢俊之《たかやとしゆき》さんは、世田谷《せたがや》区ラグビースクールの選手たちの態度《たいど》に感心した。

「江東《こうとう》の選手は、抽選《ちゅうせん》の前から引き分けがくやしくて泣いていました。ライバル心もあったし、最初に2トライして勝てる試合でしたから。円陣《えんじん》でも泣きくずれて、動ける状態《じょうたい》ではありませんでした。世田谷《せたがや》区ラグビースクールは、僕《ぼく》らの前で喜ぶことはせずに、さっと帰って行かれました。グラウンドでおたがいに死力をつくして戦ったからこそだと思いますが、小学生ながら気づかってくれましたね」

晃己《こうき》くんには、セカンドステージに向かって大切な役目があった。組み合わせを決める抽選会《ちゅうせんかい》でくじを引くのだ。

この年のセカンドステージは、4チームずつ、4つのブロックに分かれて戦い、それぞれの1位が、2月に大阪《おおさか》で行われる決勝大会に進むことができた。

前年の日本一チーム、横浜《よこはま》ラグビースクールはCブロックに入ることが決まっていた。全国制覇《せいは》を目指す世田谷《せたがや》区ラグビースクールとしては、このブロックには入りたくなかった。コーチもチームメイトもそう願っていたし、晃己《こうき》くんも、ここだけは引いてはいけないと思っていた。

「これまで生きてきた中で一番緊張《きんちょう》しました」

結果は、なんとCブロック。大変なことになった。でも、晃己《こうき》くんは燃《も》えた。江東《こうとう》のキャプテンに「ぜったいに優勝《ゆうしょう》する」とちかったのだから。

年が明けると、練習の回数を増《ふ》やした。全体練習以外でも、近所のチームメイトと連絡《れんらく》を取り合って、公園で練習もした。土曜日は、選抜《せんばつ》メンバーの練習なのだが、それ以外の子たちも自主的にずっといっしょに練習していた。チームの結束力は日増《ひま》しに高まっていった。

「みんなの集中力が高くなってきて、強くなってきているのが分かりました」

世田谷区《せたがや》ラグビースクールは体の大きな子が少ないので、ぶつかり合いをさけ、素早《すばや》くボールを動かして戦うスタイルだ。合言葉は「リアクション」。相手よりいつも先に先に動いて戦うのだ。


セカンドステージは、2018年1月14日、熊谷《くまがや》スポーツ文化公園ラグビー場で開催《かいさい》された。自信を持ってセカンドステージにのぞんだ世田谷区《せたがや》ラグビースクールは、見事に、初戦の常総《じょうそう》、次に横浜《よこはま》に勝った。横浜《よこはま》には、30対10という快勝《かいしょう》だった。しっかり準備《じゅんび》してきたことをグラウンドで表現《ひょうげん》できた。このときは、みんな思わず喜びを爆発《ばくはつ》させた。


さあ、次は決勝大会だ。全国から強いチームが集まってくる。昨年の優勝《ゆうしょう》チームを破《やぶ》ったことで、みんな自信を持っていた。

「みんな、早く試合がしたい、と話していました」

晃己《こうき》くんも待ちきれなかったが、簡単《かんたん》に勝てる大会ではないとも思っていた。

「全国から強いチームが集まってくるので、厳《きび》しい戦いになると思っていました」

第10回目を迎《むか》えたヒーローズカップの決勝大会は、２０１８年2月24日、25日、大阪《おおさか》市の長居《ながい》にあるキンチョウスタジアムで行われた。各地域《かくちいき》の地方大会をふくめた今大会には、２３６のラグビースクール、約１６５００人の小学生が参加した。その頂点《ちょうてん》を決める戦いである。

出場するのは全部で16チーム。初日は4つのブロックに分かれて戦う。Cブロックの中で1位になった世田谷《せたがや》区ラグビースクールは、２日めの決勝大会に進出した。

最後を争う4チームは、同じ東京のブレイブルーパス府中《ふちゅう》ジュニアラグビークラブ、大阪《おおさか》の吹田《すいた》ラグビースクール、同じ大阪《おおさか》のみなとラグビークラブだ。準決勝《じゅんけっしょう》で吹田《すいた》ラグビースクールを破《やぶ》った世田谷《せたがや》区ラグビースクールは、決勝戦で、みなとラグビークラブと対戦した。

試合のはじめから、世田谷《せたがや》区ラグビースクールは、素早《すばや》くボールを動かして攻《せ》

世《せ》田《た》谷《がや》区ラグビースクールの仲間たち

め続けた。守っても、素早《すばや》く相手にプレッシャーをかけ、みなとラグビークラブの攻撃《こうげき》を止め続けた。最後のプレーでは晃己《こうき》くんもトライ。トライ後のゴールキックも決めて、52対14という快勝《かいしょう》で2年ぶり2回目の優勝《ゆうしょう》をかざった。

「やり切った感じがしました」

努力を重ねたからこそ、言える言葉だろう。

兄の勇仁《ゆうじん》くんは、テレビでその様子を見ていた。

「優勝《ゆうしょう》してくると言っていたので、おめでとうって思いました」

勇仁《ゆうじん》くんと、お母さんによると、晃己《こうき》くんは、家ではあまりしゃべらないそうだ。それでもキャプテンになってからは、人前でしっかり話せるようになった。

決勝戦の後、両チームが参加する「アフターマッチファンクション」と言われる交流会があった。そこで、チームを代表して晃己《こうき》くんはスピーチをした。ラグビーは、こういうときも、コーチではなくキャプテンが話す。

晃己《こうき》くんは、応援《おうえん》してくれた皆《みな》さんに感謝《かんしゃ》し、みなとラグビークラブの良かったところ、自分たちの反省点を話した後、「みんな中学でもラグビーを続けると思うので、また戦う機会があれば戦いたいです」としめくくった。

ヒーローズカップにはいくつかの決まりがあるのだが、もっとも大切にされているのが、選手たちの自主性《じしゅせい》だ。グラウンド脇《わき》で見ているコーチ、親は口を出さず、静かに選手のがんばりを見守るのだ。もし、選手をしかったり、相手チームに野次のようなひどい言葉を投げかければ、コーチも親も退場処分《たいじょうしょぶん》になる。

この大会が大切にしていることを行動で示《しめ》した世田谷《せたがや》区ラグビースクールの優《ゆう》勝《しょう》だった。


兄の勇仁《ゆうじん》くんは、全国優勝《ゆうしょう》した多くの仲間といっしょに地元の千歳《ちとせ》中学に進学してラグビー部に入り、全国中学生大会でも全国制覇《せいは》を目指している。

しかし、晃己《こうき》くんは、同じ道には進まず、ラグビー部のない中学に進学した。世田谷《せたがや》区ラグビースクールのみんなともっと長くプレーしたいと思ったからだ。

「まず、レギュラーになって、3年生になったら全国中学生大会（ラグビースクールの部）で優勝《ゆうしょう》したいです」

そんな2人の成長をお母さんも頼《たの》もしげに見つめる。

「チームスポーツをして、仲間を作ってくれたらいいと思っていたのですが、ラグビースクールに入ってから、目上の人に礼儀《れいぎ》正しく話ができるようになり、あいさつもできるようになりました。それは、ラグビーに教えてもらったと思います。コーチの先生方の指導《しどう》のおかげだと思います」

さて、晃己《こうき》くんだが、現在《げんざい》の身長は、151センチと、まだまだ小さい。「もっと体力をつけたい」と、たくさんご飯を食べ、よく眠《ねむ》ることを心掛《こころが》けているそうだ。

「ずっと先のことになりますけど、日本代表で活躍《かつやく》したいです」

晃己《こうき》くんは、大きな夢《ゆめ》を楽しそうに語った。

あとがき

この本を書こうと思ったのは、みんなにラグビー精神《せいしん》のことを知ってもらいたかったからだ。ラグビーとちがうスポーツをしている人や、スポーツ以外でも、自分の好きなことに取り組んでいる人にラグビー憲章《けんしょう》の言葉はきっと役に立つと思うのだ。

取り組んでいることが上手くいかないとき、友達との関係がうまくいかないとき、5つの言葉「品位、情熱《じょうねつ》、結束、規律《きりつ》、尊重《そんちょう》」を思い出して、自分のしていることをチェックしてみてはどうだろう。何か気付くことがあるかもしれない。

僕《ぼく》は、小学5年生からラグビーを始めた。2年間ラグビースクールに通って、ラグビーが大好きになった。だから今でもラグビーを伝える仕事をしているのだけど、ラグビースクールに通った2年間、仲の良い友達は一人もできなかった。練習や試合で声を出す以外は、ずっとだまっていたからだ。でも、誰《だれ》も僕《ぼく》をいじめることはなく、いっしょにラグビーを楽しめた。

あとがき

いまになって思えば、もっとしゃべって友達をたくさん作ればよかったと思う。でも、その時は無理だった。初めて会った友達とうまく話せない人も多いだろう。でも、気にすることはない。いつか話せるようになるし、自分を認《みと》めてくれる人はきっと現れるから。

僕《ぼく》は高校から本格的《ほんかくてき》にラグビーを始め、たくさんの友達ができた。ラグビーをしていて学んだのは、性格《せいかく》も体格《たいかく》もいろんな人がいるということ。そして、そういう色んな人の立場や、考え方を認《みと》め合って、いっしょにスポーツをするのがすごく楽しいということだ。


みんなに紹介《しょうかい》したいエピソードがある。

はじめてラグビーの日本代表チームが結成されたのは、１９３０年のことだ。船で12日間をかけてカナダへ遠征《えんせい》した。

この時の日本代表は強く、５連勝し、６試合目にブリティッシュ・コロンビア（BC）州代表と対戦した。この遠征《えんせい》で一番強い相手だ。試合開始5分で、日本の一人の選手が肩の怪我《けが》でプレーできなくなった。当時のルールでは交代選手は認《みと》められなかったので、日本は14人になり、カナダの15人と戦わなくてはいけなくなった。

すると、BCのティレット監督《かんとく》が、日本の香山監督《かやまかんとく》のところに来た。

「交代選手はいないのですか？　いるなら出してください」

香山監督《かやまかんとく》は、ルールを破《やぶ》ることになるから断った。すると、ティレット監督《かんとく》は選手を一人外に出してしまった。同じ人数で戦いたいというのだ。

香山監督《かやまかんとく》はこの行動に感激《かんげき》して、交代選手を入れ、最後は引き分けで試合が終わった。ティレット監督《かんとく》は、ルールを破《やぶ》ってでも正々堂々と全力を出し合う試合がしたかったし、香山監督《かやまかんとく》もその気持ちに応《こた》えたのだ。

この話には後日談《ごじつだん》があって、5勝1引き分けでむかえた遠征《えんせい》最終戦で、カナダ側は試合のレフリーを香山監督《かやまかんとく》にたのんだ。香山監督《かやまかんとく》は自分のチームの試合でレフリーはできないと最初は断ったのだが、熱心にたのまれ引き受けることになった。

あとがき

そして、公平にレフリーをし、日本代表が勝った。試合後、カナダのチームのスタッフが歩み寄り、素晴《すば》らしいレフリーだったとほめてくれて胴上《どうあ》げまでされた。カナダの人たちは香山監督《かやまかんとく》が信頼《しんらい》できる人だと感じたのだ。

日本とカナダは、以後、ずっと友好関係をたもっている。正々堂々と戦うということ、信頼《しんらい》されるとはどういうことか、考えさせられるエピソードだと思う。

この本を書くにあたっては、いろんな人に話を聞かせてもらった。各章に登場するみなさんは、気持ちよく、わかりやすく話してくださった。そして、スポーツの歴史を研究している髙木應光《たかぎまさみつ》さん（日本ラグビー学会理事）には、ラグビーの歴史について教えていただいた。この本に関《かか》わってくださったすべてのみなさんに感謝《かんしゃ》したい。

この本を読んでくれたみんなも、ありがとうございます。この本から、人生を楽しむヒントを感じ取ってくれたらうれしいです。そして、ラグビー憲章《けんしょう》の言葉を覚えていてくれたら最高にうれしいです。

村上晃一

ラグビーまめちしき

ラグビーは、楕円《だえん》のボールをうばいあう競技です。

ボールをけったり、手に持って走ったり、後ろにいる仲間に投げてパスをしたりしながら、相手の陣《じん》にすすみます。

相手の陣《じん》のインゴールというスペースの地面にボールをつけることをトライといいます。トライまたは、ボールをけってゴールポストの間でクロスバーの上を通すことで得点が入ります。

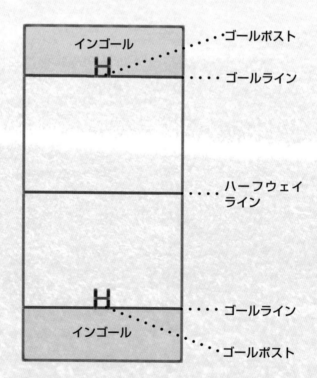

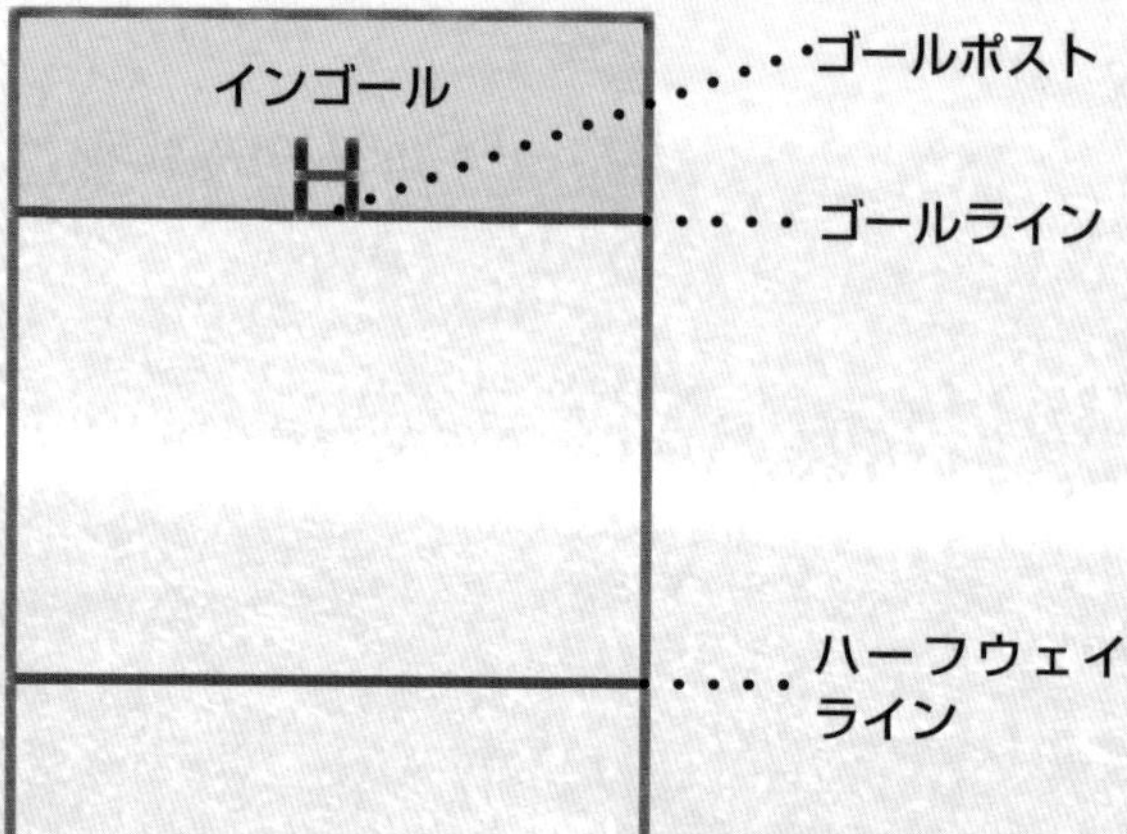

１チームは１５人、１０人、７人と、いろいろな人数制があります。

ポジションによって背番号が決まっています。

下の図は、１５人制ラグビーのポジションです。

背番号１～８のフォワード（FW）と呼ばれる前の８人と、背番号９～15のバックス（BK）と呼ばれる後ろの７人に、大きく分かれます。

FWは、おもにボールをうばう役目をしているので、相手選手とぶつかりあうことも多いポジションです。

BKは、ボールを持って走ったり、キックをしたりして得点につなげます。

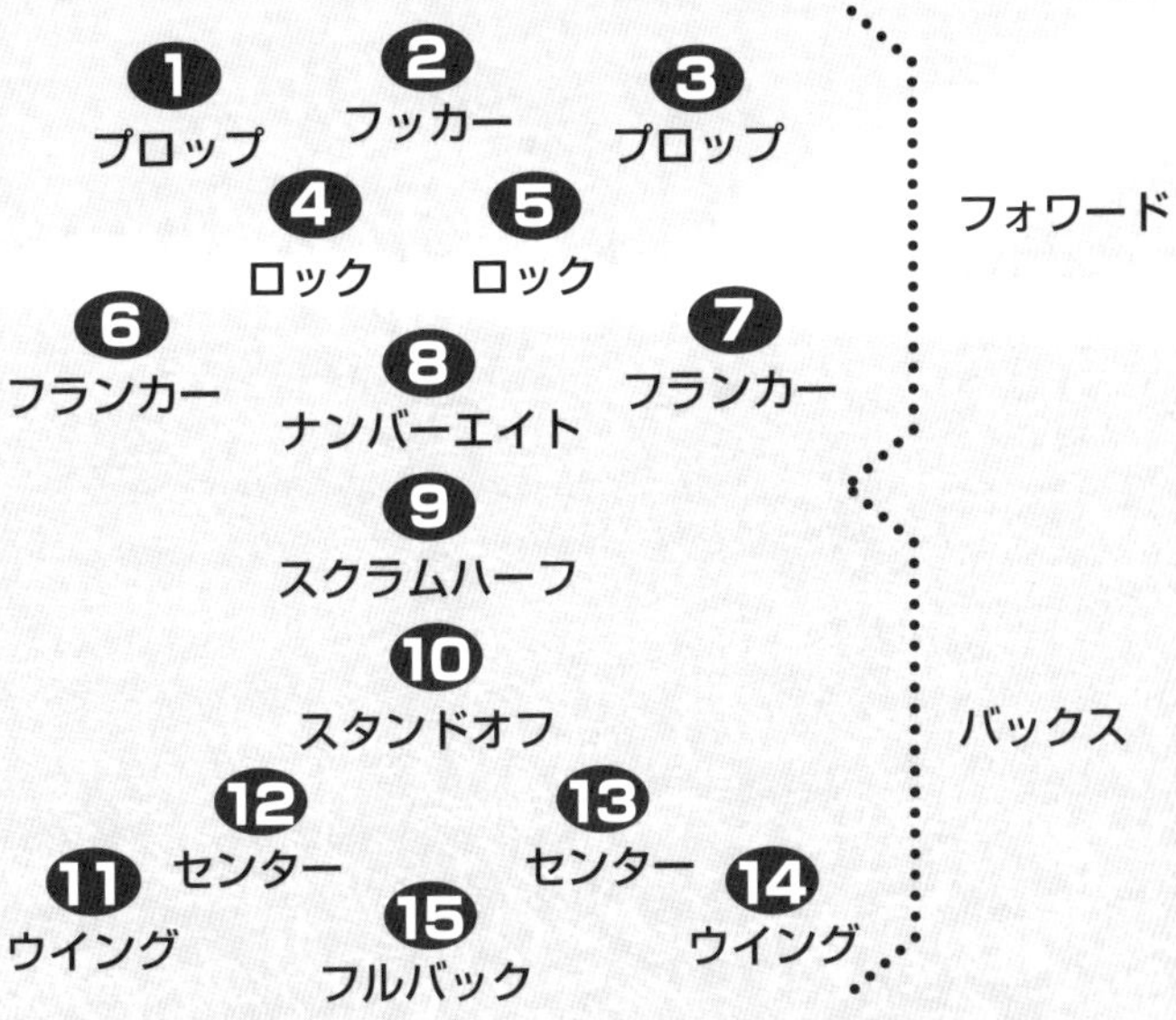

ボールを持っている相手を倒すタックルや、両チームが組み合うスクラムなどラグビーならではのプレーもありますが、細かいルールがわからなくても、見てみたら楽しさがわかります！

取材協力・写真提供

（掲載順・敬称略）

公益財団法人　日本ラグビーフットボール協会　（JRFU）
流大　（サントリーサンゴリアス ／ 一般社団法人 ジャパンエスアール）
姫野和樹　（トヨタ自動車ヴェルブリッツ ／ 一般社団法人 ジャパンエスアール）
坂田好弘　（関西ラグビーフットボール協会会長）
兼松由香　（名古屋レディース）
イーリ ニコラス　（神戸製鋼コベルコスティーラーズ）
湯浅大智　（東海大学付属仰星高校）
井田新輔
吉田晃己　（世田谷区ラグビースクール）
小林久峰　（世田谷区ラグビースクール）
山口匠人　（江東ラグビークラブ）
髙矢俊之　（江東ラグビークラブ）
髙木應光　（日本ラグビー学会理事）
川戸賢一郎

参考資料

公益財団法人　日本ラグビーフットボール協会
https://www.rugby-japan.jp
「ラグビーマガジン」（ベースボール・マガジン社）

校正

有限会社　シーモア

著者紹介

村上晃一（むらかみ　こういち）

ラグビージャーナリスト。京都市出身。現役時代のポジションは、センター、フルバック。86年度西日本学生代表として東西対抗に出場。元「ラグビーマガジン」（ベースボール・マガジン社）編集長。

現在はフリーランスの編集者、記者として活動。「ラグビーマガジン」「ナンバー」（文藝春秋）J SPORTSのWEBサイトなどにラグビーについて寄稿するほか、J SPORTSのラグビー解説、ワールドカップでの現地コメンテーターなど、さまざまな場でラグビーの魅力を伝えている。

著書に『ハルのゆく道』（天理教道友社）、『仲間を信じて』（岩波ジュニア新書・岩波書店）『ラグビー愛好日記トークライブ集』（ベースボール・マガジン社）などがある。

ラグビーが教えてくれること

2018年11月 初 版
2019年 7 月 第 2 刷

著 者 村上晃一

発行者 岡本光晴
発行所 株式会社 あかね書房
〒101-0065 東京都千代田区西神田３-２-１
電話 03-3263-0641（営業） 03-3263-0644（編集）
https://akaneshobo.co.jp

印刷所 錦明印刷 株式会社
製本所 株式会社 難波製本

NDC916 144p 22cm ISBN978-4-251-08293-0